教師の
授業技術大全

三好真史
〔著〕

東洋館出版社

はじめに

教育とは、学校で習ったすべてのことを忘れてしまった後に、自分の中に残るものをいう。そして、その力を社会が直面する諸問題に役立たせるべく、自ら考え行動できる人間をつくること、それが教育の目的といえよう。(アインシュタイン)

授業技術を、思いのままに使いこなす。

本書では、これまで一括して整理されることのなかった「授業技術」についてまとめています。いってみれば、授業技術を集めた図鑑のようなものです。

これまでの教育書においては、各教科で、一つの実践として授業技術が扱われることは多々ありました。

「この単元ではこの指導を!」「この方法でやれば、必ず子どもが伸びる!」というように。

しかしながら、たった一つの授業技術を用いれば、子どもが伸びるということは、まずあり得ないことでしょう。

授業の構想、子どもの実態、授業単元のめあてなどから鑑みれば、どの子どもにも、どの教科にも、どの単元にも100%の効果を発揮する授業技術なんて存在しないと考えられるからです。

授業づくりにあたっては、多くの授業技術の知識をもち、それらを用いて授業の構想を自由自在に練り上げ、思いのままに構成できるようになることが望ましいと言えます。本書では、混在する授業技術を4つの期に分け、その内で同じ種類ごとに分類しています。さらに、評価と評定の方法まで述べています。教材研究の際に、本書を手元に置くことで、授業の質をより高いものにすることができます。

教師は、知のクリエイターである。

「授業」とは、何でしょうか。

一言で言い表すとすれば、あなたは「授業」をどう表現しますか？

音楽家は楽曲を創り、聴衆を魅了する。
画家は絵を描き、人々の感動を呼び起こす。
教師は、先人の生み出した知恵の結晶を構成し、子どもに新たな発見を生み出す。知識のネットワークを拡げ、新たな世界観を創り出し、各々のもつ可能性や個性を引き出していくのです。

授業とは、「知の芸術」である。

そう言っても過言ではないでしょう。

授業を行うにあたって、教師は2つの顔をもちます。

学習指導要領の内容から指導項目を押さえ、授業を考案する「クリエイター」。

そして、準備してきた内容を子どもたちに表現する「パフォーマー」です。

作り上げて、なおかつ表現しなくてはならないわけです。


音楽でいえば、シンガーソングライター。

建築でいってみれば、建築家から大工までやってのけるようなものです。


「パフォーマー」として高い技能をもつ教師は多く見られます。

表情や声色を変え、子どもを惹きつけられる教師は多い。


では、「クリエイター」としては、どうでしょう。

いつもと同じ授業ばかりになってしまうことがある。指導書通りの授業になってしまう。子どもがつまらなさそうにしていても、同じような授業を続けてしまう……

そんな姿が散見されてしまいがちなものです。


つまり「名クリエイター」の教師は少ないと考えられます。

ではなぜ、教師は名クリエイターになれないのでしょうか。それは、日々の多忙な業務に追われ、授業に関する知識を多く得られていないことが原因と言えるでしょう。

想像してみてください。

もしも、子どもたちの知を刺激するような授業をつくることができたとすれば。
子どもたちが前のめりになり、話し合う。知を獲得することの喜びを噛みしめる。
そんな授業が、毎日できたなら……

そんな達成感の歓喜あふれる場に、諸々の学校問題は起こりえるでしょうか。
きっと、幸せな学校生活が作られることでしょう。子どもの夢が活き活きと育まれていき、豊かな社会を生み出すことへとつながっていくことでしょう。

授業には、子どもの人生を、そして社会をも変える力があるのです。
さあ、「知のクリエイター」として、子どもが目を輝かせる授業をつくりだそうではありませんか。

目次

第2章 技能期の授業づくり 75

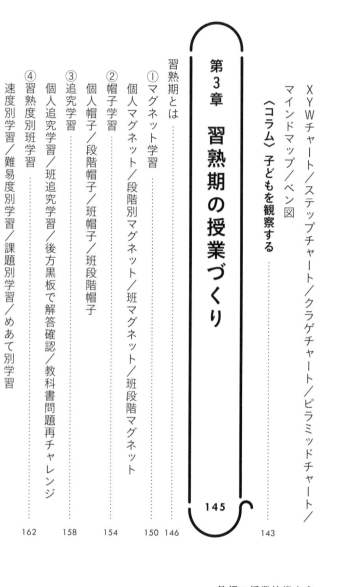

第4章 活用期の授業づくり

第5章　探究期の授業づくり　223

第6章 評価と評定 265

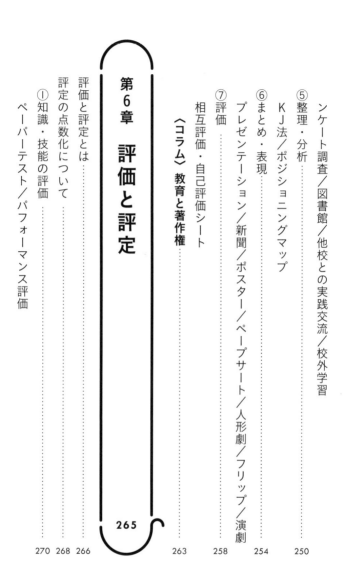

本書の使い方

本書では、授業のつくり方について、**「技能期」「習熟期」「活用期」「探究期」**というように、4つに分類しています。そして、各期の授業技術を紹介しています。さらに、それぞれの授業技術の方法について、具体的に取り上げていきます。これらのことをまとめると、本書の使い方は次のようになります。

①これからあるべき授業の形について考える
これからあるべき授業の形について述べていきます。これから求められる授業像全体のことを理解しましょう。

②学習の原則を知る
科学的な見地から「分かる」「できる」授業づくりについて考えます。

③４つの授業期を捉える

４つの授業期と、それぞれの期のつくりについて学びます。

④授業技術を知る

それぞれの授業期で有効な授業技術についてまとめています。教材研究をしながら、これらの項目を参照することにより、スムーズに授業づくりができるようにしてあります。

⑤授業を組み立てる

これから行う授業について、本書を元にして授業を組み立てていきます。授業の目標、子どもの状況などに応じて、授業を組み立てます。

⑥授業を実施する

子どもの状態に適した授業技術を選択し、即興的に変化させながら授業をつくりあげます。

⑦評価する

子どもの様子や学習の状況を見取り、評価し、評定を決定します。

まずは、授業単元のつくり方について学び、それから各々の授業技術について学びましょう。「これからの授業づくり」の項目について読み、授業のあり方について再確認しましょう。

そのうえで、具体的な授業技術に目を移していきます。

授業技術とは、あくまでも技法でしかありません。

「これをやればうまくいく」という方法など、存在しません。

しかし、**「やってみたことがある」ことと、「やってみたことがない」技法では、選択の感覚がちがいます。**どれも、一度は経験してみることをおすすめします。

自由に授業技術を選択し、授業を自由自在につくれるようになる。

授業を実施しながら、即興的につくり変えることもできる。

これが、本書の目指す「知のクリエイター」としての教師のあり方です。
P．269には、授業技術を一覧にしたものをダウンロードできるようにしています。
使った技術にはチェックを入れます。どの技術も思いのままに使いこなせるようになれば、今よりもっと創造的な授業が展開できることでしょう。子どもたちの可能性を伸ばす教師になれるよう、適切な技術を授業の中へ取り入れていきましょう。

第1章 これからの授業づくり

よい授業が子どもを育てる

よい授業は、子どもを育てます。

よい授業ができれば、学級は生き生きと活動し始めます。

仮に荒れている学級であったとしても、知的でおもしろい授業が展開されれば、学級は再生することができるのです。

教師に魅力があって、学力があり、授業が上手ということは、子どもたちに快感をもたせるということになります。例えば、ネコやウサギを持つときに、下手な人が持つと、バタバタして暴れ回り、どうしようもないことがあります。でも上手な人が持てば、ネコやウサギは落ち着いていています。

これは、自動車などに乗る場合でも同じです。素人が運転しているとヒヤヒヤして落ち着かないものですが、ベテランの運転手の車であれば、呑気に歌うことだってできてしまいます。

授業がうまく進まないとき、教師は「子どもが悪い」とか「子どもができない」などと言うことがあります。「去年までの子どもだったら、うまくできたはずのに」などと、おかしな比べ方をする教師もいます。

確かに、子どもの責任もどこか一部にはあるかもしれません。でも、授業がうまくいかない、学級がうまくいかない責任のほとんどは、教師にあります。

教師の授業に問題があるのです。

興味をもたないおもしろくない否知的な授業を、何時間も、何日も続けてされれば、どんな子どもでも不満になり、その結果として、怠惰になり、反抗的になってしまうものでしょう。

大人だって、つまらない講座を受けたとき、居眠りをして怠惰的になったり、「早く終わらないものか」と反抗的になったりするものではないでしょうか。

教師も、これと同じ。子どもをよくして初めて、その給料をいただくことができるのです。

厳しいようですが、授業をよくするためには、子どもの責任にせず、「授業を変えていこう」とする気概をもつことが必要なのです。

授業のレベルを高めるには

授業の腕を上達させるためには、経験を積み、実力をつけなければいけません。

「実力がある教師」は、常に知識やスキルを身に付ける努力を怠りません。学び得たことを授業に活かして成果を上げげて、力を伸ばしていくのです。

教師のレベルには、「4つの段階」があります。

自分のレベルがどの程度なのか、ここで測ってみましょう。

第1段階　お友達教師

この段階の教師は、「子どもとよい関係を構築し、友達のように親密な関係になることができればうまくいくだろう」と考えています。

授業に関する基準や評価の方法、学習の到達目標などについて、ほとんど話題にしません。

授業とは、「活動を中心にして、子どもを楽しませること」と考えています。

第2段階　やり過ごす教師

この段階にいる教師は、授業の技術の多くを身に付けていません。

子どもたちを静かにさせて、練習問題をやらせたり、映像を見せたり、自習活動を与えたりして、常に「やらせること」を探して授業を構成します。目指しているのは子どもの学びや達成ではありません。教壇に立っているのは、それが仕事だからであり、厳しい表現で言えば、「やり過ごす」ことで給料を得ているのです。

第3段階　熟達する教師

どうすれば子どもを成長させることができるかを知っている教師です。

この段階の教師は、授業技術を用いて効果的な実践をします。日々の授業で自らの熟達を求めつつ、子どもたちの力を認め、大いに期待していることを伝えます。

このようにして成果をあげる教師は、自らを「熟達」させるために様々な本を読み、研究会やセミナーにも参加します。この段階の教師は、子どもの学びこそ使命であり、その達成が目標だと考えています。

第4段階　子どもを変える教師

この段階の教師は、子どもの人生を変えます。

卒業して何年も経った教え子が、お礼を言いに来るのが、この段階の教師です。

子どもの人生に影響を与えられるようになるためには、子どもを変える授業を行う必要があります。教師が子どもの人生にはっきりした影響をもつようになって初めて、子どもはその教師から学ぶようになるのです。この段階までくると、「熟達」の域を越えています。

本当の意味での子どもにとっての「師」となることができるのです。

残念なことに、授業技術の知識不足から、第2段階「やり過ごす」ステージにとどまってしまい、その先に進めない教師が多いというのが現状です。

様々な授業技術を知ることにより、第2段階の「やり過ごす」から第3段階の「熟達する」へと進みましょう。そしてさらに思いのままに授業技術を使いこなせるようになり、第4段階へと進み、子どもの人生に変化をもたらす存在へと成長しましょう。

「授業をする」とは

では、ここからは授業づくりについて考えていきます。そもそも「授業をする」とは、どのような営みなのでしょうか。

授業とは、主に3つの仕事から成り立っています。

① **「構想する」**
② **「展開する」**
③ **「省察する」**

「授業をする」というのは、これら3つの仕事を統合的な営みとして実現する教師の姿を意味しています。

教師には、よりよい授業を創造するために、それぞれの仕事に対して丁寧に取り組んでいくことが求められているのです。
それぞれ、順番に見ていきましょう。

①「構想する」

教師が授業をできるのは、何らかのプランが頭の中にあるからです。

もちろんプランといっても、どのような内容を、どのような順序や方法で扱っていくなどという大まかな計画である場合がほとんどです。常に「学習指導案」のような綿密な計画が立てられているわけではありません。

ただ、教師が何らかの意図をもち、自覚的な思考を通して計画や見通しを事前にもっていることが大前提なのです。

「授業を構想する」とは、教師が想像力を働かせて、これから実践する授業を明確化し、具体化していく営みだとまとめることができます。

②「展開する」

教師は、事前に行った「構想」をもとにしながら、実際の授業を展開していきます。
教師は、「導入を工夫する」「音読させる」「説明する」「発問する」などの行為や指示を行います。

これらの活動を通じて、子どもたちの学びを成立させようと奮迅するわけです。教師は、授業における子どもたちの様子を観察しながら、彼らによりよい学びが成立することを目的として、状況に応じながら、適宜働きかけたり、彼らの活動に応対したりします。

これらの関わりについては、事前の構想に基づく計画的なものも含まれますが、実際としては、子どもの様子をみて即興的に判断して実施されるものの方が多いものです。

これからの授業では「子どもの主体性」が求められています。

子どもが主体的となって活動すれば、その場に応じて授業を変化させなくてはなりません。

即興的になるのは、当然のことです。

即興的な関わりを本質として、子どもたちと協働して授業を創造しようとするのであれば、「構想」で思い描いた脚本通りに授業が進行するなど、まずあり得ないということになります。むしろ教師には、事前に構想した授業デザインを修正したり、転換したりする必要に迫られるのです。

授業の展開とは、授業を運営する行為であるとともに、そこには授業の「再デザイン」という仕事も存在するものなのです。

③「省察する」

一般的に言えば、教師が授業をするという営みについては、「授業を展開しておしまいになる」と理解されているかもしれません。

しかし、「今日の授業はうまくいかなかったなあ……」など、教師は自分が実践した授業について、自ずとふりかえるものです。

つまり、授業を省察するとは、「自らが実践した授業について丁寧にふりかえって考えをめぐらせること」だと言うことができるでしょう。

子どもが予定していたように動かなかったときや、子どもの発想に対応できなかったとき、「どこに計画のまずさがあったのか」「指導のミスはどこにあるのか」と、自分のあり方に目を向けるようにします。

教師は、ここでの省察を通して、何らかの意味のある「気付き」を得て、それを後の授業実践へと活かしていくのです。

省察における気付きは、大きく分けて2つあります。

1つ目は、子どもの様子です。

例えば、**「説明しているあいだ、Aさんが分かりにくいような様子を見せていたな……」**ということです。

もう一つは、授業のデザインについてです。

「次の時間は、○○について丁寧に解説することから始めよう」というようなものです。前者の気付きによって、後者の気付きが生じるというように、この2つは密接に関係しています。

「授業改善」とか「教師の力量形成」などと言われていることは、以上3つのサイクルの中で実現することなのだと言ってよいでしょう。

授業技術を構想の段階で考案し、展開の部分で修正しながら実践し、省察でふりかえり、次の授業を構想する。

このような丁寧で誠実な省察を行い、授業実践サイクルの質を高める経験を積み重ねてこそ、安定して優れた授業ができる教師へと成長していくことができるのです。

「授業ができる」とは

教師を料理人に例えてみましょう。

子どもを健やかに育てたい。

そうであるならば、栄養価の高い食べ物を食べさせなくてはなりません。

とはいえ、いくら栄養価の高い食べ物があったとしても、それが料理として魅力的であるとは限りません。**子どもたちの目の前に出されたときに、まず美味しそうに見えるかどうかが問われるのです。**

そして、子どもたちが実際に食べたときに「確かに美味しいものだ」と感じ、「さらに食べてみたい」と思えるようにしなくてはならないのです。

料理人は、子どもたちが優れた食材を美味しく食べることができるように、調理法を工夫する必要があります。

授業づくりは、料理とよく似ています。

子どもにとって価値ある知識を、子どもが興味をもつように、学んでからもっと知りたいと感じられるように、工夫を加えていかなければならないのです。

例えば、国語の課題一つでもそうです。

物語文をつくる単元があったとします。

ここで「オリジナルの物語文をつくろう」と「友達が感動して涙を流す物語文をつくろう」という提示の仕方では、子どもの取り組み方が変わってきます。

社会の授業で、元の侵攻について調べる学習があるとします。「元の侵攻について調べよう」とするか、「元が3度目に攻めてこなかったのは、どうしてなのだろう?」とするのとでは、興味のもち方がちがいます。

このように、**子どもにとって価値ある教材を、子どもが取り組みやすいように調理する。**その技術が、教師の授業づくりの力量として求められています。

教師は、「知のクリエイター」なのです。

職人としての気概をもつ必要があると言えるでしょう。

これからの社会と授業づくり

授業上達の仕方については、イメージが湧いてきたことでしょう。

ここからは、「これから求められる授業」について考えてみましょう。

授業づくりにあたっては、「社会として、どのような教育が求められるか」「そもそも教育とは何か」という2面から見ていく必要があります。

「社会」と「哲学」の、両面から併せて考えてみましょう。

①社会から見た教育

教育について考えるにあたり、まずは社会の流れを捉えなければなりません。

子どもたちが社会に出るのは、10年後、20年後です。

その社会において活躍できる力を、教育活動の中で養っていかなくてはならないからです。

未来の建設に役立つ人間を確実に育て上げる人、育て上げようとしている人だけが教師なのです。

これからの社会は、どのように進んでいくのでしょうか。

ＩＴの進化によって、新しいビジネスが次々に誕生しています。

無人タクシー、空きスペースを確保するシェアビジネス、オンライン上で資金を集めるクラウドファンディングなどなど……

これまでになかったタイプのビジネスが展開されてきています。

加えて現代は、「第４次産業革命」と呼ばれる時代です。

ＡＩ（人工知能）やＩＯＴ、ブロックチェーン技術を使った仮想通貨、ドローンなど、新しいテクノロジーが次々と登場しています。

目の前の子どもたちが活躍するであろう未来の社会においては、人工知能の進化などにより、大きな変化がもたらされるだろうと考えられています。いまの小学生は、もしかすると本物のドラえもんにも会うことができるのかもしれません。

これからの社会は、変化が激しく、将来の予測が困難な時代であると捉えられています。

そのような社会の変化に合わせて、教育は、どのように変わるべきなのでしょうか。

知識の習得は、もちろん大切です。思考するための土台として欠かせないものです。

でも、**これからの社会においては、コミュニケーションやコラボレーション、情報活用能力や課題解決力など、21世紀型スキルと呼ばれる能力を育てることが求められています。**

身の回りに起こる様々な問題に自ら立ち向かわねばなりません。

課題の解決に向けて、多様な他者と協働して力を合わせ、状況に応じて最適な解決方法を探り出していく力が必要なのです。新しい社会で活躍できる人材の育成については、**「何ができるようになるか」に加えて、「どのように学ぶか」が大切な視点として注目されているのです。**

当然のことながら、知識伝達型の「受け身」教育を変えていかなくてはなりません。

これから求められているのは、**「学習者中心の学び」**なのです。

未だ見ぬレベルの問題が起こったときにも、すぐに知識を駆動させ、解決できるような能力……これが、今後の社会で求められている力であり、そのような力を教育で養っていかなくてはならないと言えるでしょう。そのために、抽象的な題材や素材を扱うのではなく、「社会に開かれた教育課程」を編成します。

学習課題や学習内容を、できるだけ現実社会と関連付けます。

学びの意義を実感しながら、習得した知識・技能を活用して課題を解決していく「活用的・探究的な学び」が必要になっているのです。

②哲学から見た教育

次に、「哲学」の面から教育を考えてみましょう。そもそも教育は、何のためにあるべきか、というところです。

公教育の本質は、すべての子どもが「自由」に、「生きたいように生きられる」ための力を育むことにあります。

ここでいう「自由」とは、「生きたいように生きられる」ということです。詳しく言ってみれば、「できるだけ納得して、さらにできるなら満足して、生きたいように生きられているという実感」のことです。

「自由」と言っても、それはワガママをしていいということではありません。「自由」を主張すれば、他者とぶつかり、むしろ自分の「自由」を失ってしまうことになってしまいます。

その最たるものが戦争です。

戦争とは、権利の増大にしても、富の奪取にしても、根本はお互いの「自由」を主張し合う殺戮にほかなりません。

「自由」を欲して、争わずにいられない人類が、お互いに平和に生きる道がないのか。

それを追求し続けて、哲学者達のたどり着いた結論があります。

それが、**「自由の相互承認」**と呼ばれるものです。

自分が「自由」に「生きたいように生きる」ためにも、他者の「自由」もまた認め、尊重できるようになる必要がある、とする考え方です。

日本社会は、憲法を制定し、法を整えることによって、すべての人の「自由」を対等にルールとして保障してきました。

そうやって、個人の「自由」を守ってきたのです。

これが、「基本的人権」と呼ばれるものです。

でも、それだけでは十分ではありません。

私たちが本当に「自由」に生きるためには、憲法で「自由」が保障されているだけではなく、実際に「自由」になるための力が必要なのです。

ここに、公教育の存在意義が生まれます。

つまり公教育は、すべての子どもに「自由」に生きるための力を育むことを通して、「自由の相互承認」を原理とした市民社会の礎を築くためにあるのです。

子どもは一人ひとり、学びのペースや関心はちがっています。

それなのに、従来の学校は、これらを統一してしまったのです。

「言われたことを、言われた通りに」「みんなで同じことを、同じペースで」やってきてしまった。

これでは、自他の自由を保障する力は身に付きません。

これからの授業では、このような授業スタイルから脱却する必要があります。

あるテーマをもとに、自分で「問い」を立てます。

自分なりの方法で取り組みます。

そして、自分なりの答えにたどり着きます。

各教科で学び得た知識・技能を用いて「活用的・探究的な学び」に取り組みます。

「答えの見つからないような難しい問い」に対して、自分なりの考察を深めていきます。

「活用的・探究的な学び」を通じて、自由の感度を育み、「自由の相互承認」の感度を高めていくことが、これからの教育に求められているのです。

変わりつつある受験問題

「社会」と「哲学」、どちらの面からしてみても、「活用的・探究的な学び」の必要性が、少しずつ見えてきたのではないでしょうか。この流れは大学受験などにも表れてきています。実際に実施されている受験問題から考えてみましょう。

東京大学の入試問題を紹介します。

平成30年、工学部の推薦入試では、次のような小論文課題が出題されています。

発明や発見は、人間の独創的な活動によってもたらされ、新しい価値を生み出し、社会に様々な価値を与えてきた。これまでの人類の歴史のなかで、あなたが特に独創的と感じた発見や発明を一つ取り上げ、なぜそう感じたのか述べなさい。また、あなたにとって真の独創性とはどのようなことかを述べなさい。

（平成30年度　東京大学工学部推薦入試小論文課題）

東京大学の入試といえば、「ものすごく難しいのではないか」という印象があるかもしれませんが、この問題は考えられないこともなさそうですね。

東京大学の入試問題というのは、難問や奇問ではなくて、知識としては教科書で十分対応可能なのです。

しかし、教科書全般を通して、あるいは複数教科の学びを横断して解答することが求められます。

世界を変えた3大発明といえば、「火薬、活版印刷、羅針盤」とされています。それぞれがどんな点で独創的なのか、そして社会にどのような価値を与えていたのかを考えるためには、幅広い知識が必要です。社会的なつながりを推測していくことも求められます。

ここで考慮しなければならないのは、「発明」や「発見」というのが、「必ずしもいいことばかりではない」という点です。

例えば「活版印刷」の発明によって、多くの人と情報を共有する手段を得たわけですが、情報は人類にとって、良いものも悪いものもあります。これを分析する必要があります。

「あなたにとって真の独創性とは何か」というのも、自分の価値観をふまえて説明することが求められています。

この問題は、知識を豊富に備えているばかりでなく、物事を突き詰めて考えることが求められているのです。これを600~800字にまとめることは、なかなか難しいのではないかと考えられます。

この問題は、ほかの言葉で言ってみれば、次のように置き換えることができます。

「もしあなただったら、どんな発明や発見を研究によって達成したいですか？　それはなぜですか?」

このような創造的な思考を、受験生の価値観を確認しつつ求めていこうとしているのです。これが今、日本が求めている素養をもった学生を選抜する最高レベルの入試問題なのです。

このような問題を、授業の中で教えることができるでしょうか?

結論からいうと、「教える」ということはできません。

「発明」や「発見」の一部を取り上げて、どんな内容で、それがどのような影響を与えたのか、ということは教えられますが、「あなたが独創的に感じた」というのは、それぞれの自分軸が前提にあって、みんなちがうものになります。

単発の授業で効果を出せるようなものではありません。

授業の中では「教える」ことができないと述べました。

しかし、教えることは難しいですが、授業自体は可能です。

様々な意見を取りあげて、対話を交わし、自分の意見を決定していく……

そのような授業をしていけばよいのです。

多様なテーマについて対話を重ねながら、自分軸を作りあげていくのです。

これが、「活用・探究」などの授業になるのです。

学習指導要領では、「主体的・対話的で深い学び」という概念が導入されています。これにより、小学校と中学校で進められてきた活用問題を解決する思考力・判断力・表現力の育成を、高等学校まで積み上げていくことを意図していると読み取ることができます。

社会は変化しています。

試験問題も変わろうとしています。

市販のテストにも、記述式の問題が多く取り入れられてきています。ここまでくれば、後は、私たちの授業のあり方を変えるのみと言えるのではないでしょうか。

新しい時代の授業づくりに向けて、舵を切りましょう。

学習の8原則

これからの授業で求められているのは「活用的・探究的な学び」であることは、ここまでで説明した通りです。

しかし、矛盾するような話ではありますが、「活用・探究」だけやっていてはダメなのです。

「考える」ことは、確かに重視されています。

ただし、**「考える」という行為が知識と独立してあるというように考えることは間違いです。**

例えば、先の東京大学の受験問題であれば、世界の三大発明が「火薬、活版印刷、羅針盤」であるという「知識」をもっていなくてはなりません。

また、「独創性とは何か」を理解できていなければなりません。これらの知識をもち、そのうえで知識を組み合わせて思考を働かせていくのです。

つまり、活用・探究できるだけの「知識・技能」が確実に身に付いていなくてはならない、ということです。

そのために、授業づくりにあたっては、まず子どもたちを「分かる」「できる」ようにしていく必要があります。

では、私たちが普段行っている授業は、本当に子どもを「分かる」「できる」ようにするものになっているのでしょうか。

「分かる」「できる」とは、一時的であってはなりません。

ずっと使える知識になることを目指します。

言い換えるならば、それは子どもの**「長期記憶に入れる」**こととも言えます。

ここからは、発達心理学、教育心理学、脳科学など、科学的な見地から、「分かる」「できる」授業の法則について述べていきます。

授業を考えるにあたって、これらの理論を押さえておきましょう。

次の8つの法則にまとめました。

①適度困難の法則
②記憶固定の法則
③足場掛けの法則
④交互練習の法則
⑤関連付けの法則
⑥想起練習の法則
⑦間隔練習の法則
⑧多様練習の法則

本書が目指す理想的な授業像とは、科学的に効率よい学習方法を用いることで、素早く確実な知識技能の定着をはかり、創出された時間を用いて活用・探究学習に取り組むようなスタイルです。

学習には、科学的に効果的であると明らかになっている法則があるのです。

「楽に学ぶことができれば学習効果が上がる」とされていることがありますが、それは間違いです。

実際には、困難であるほど学習効果は高まり、知識・技能として定着すると言えるのです。

では、１つずつ見ていきましょう。

①適度困難の法則

さて、ここに2つの写真があります。じっくりと見てみてください。ぼやけている絵と、ハッキリした絵ですね。

この絵は、上が馬で、下がパンダです。

あなたは、どちらを「じっくり見たい」と思うでしょうか？　おそらくパンダでしょう。

少々ぼやけていたり、見にくかったりするほうが、見ている人は、その内容をよく覚えているものです。

例えばキャンプ講習会で「これをもやい結びと言います」と教えてもらうよりも、自分の持っている船が今にも沖からでてしまいそうなときに「もやい結びは、こうするよ」と言われたほうが、はるかに記憶に残りやすいものでしょう。

人は、簡単に覚えたことは忘れやすいのです。「これはちょっと難しいな」とか、「どうやったらできるんだろう」などと、努力を伴うことにより、記憶できるようになるのです。

授業づくりにあたっては、適度な困難を感じさせられるように、教師は「生徒が努力すれば乗り越えられる程度の困難」を用意します。

あくまでも、「適度な」というところがポイントです。努力しても越えられないような困難だと、むしろやる気をなくしてしまいかねないからです。望ましい困難とは、「学習者がさらに努力すれば乗り越えられる」程度のものでなくてはならないのです。

問題と出会ったときには、まず自力解決を試みさせることにより、困難と向き合う体験をさせていくようにします。

適度な困難の方が、記憶に残りやすい。

②記憶固定の法則

人の記憶は、貯蔵される時間の長さにより短期記憶と長期記憶に分けられます。

例えば、出前の注文をするときには、お店の電話番号を覚えて押すはずです。

でも、数分後には忘れてしまいます。これが短期記憶です。

しかし、出前の注文を何度も何度も繰り返していると覚えることができます。これが長期記憶と呼ばれるものです。

学習というのは、学びの単元内容を長期記憶に入れることを目標とします。長期記憶にとどめるために有効な方法が3つあります。

まずは「エピソード記憶」です。これは、自分の身に起こった出来事の記憶です。

2つ目は「意味記憶」です。単語や概念の意味に関する記憶です。

エピソード記憶と意味記憶は、互いに依存しています。

例えば「ライオン」という言葉を見たときに、「どのような動物か」を考えるのは意味記憶ですが、最初から意味記憶として存在していたのではなくて、動物園に行ったときにライオンを見たとか、図鑑の中でライオンを見たなどのエピソード記憶がいくつも集積する中で、次第に意味記憶が形成されていくと考えるのが妥当なところです。

3つ目は「潜在記憶」です。自転車の乗り方やあやとりの仕方など、身体動作として覚えられた記憶を指します。体がやり方を覚えているということです。

このような記憶は、意識的言語的に扱える記憶とは異なるため、無意識的、非言語的であるという意味で潜在記憶と呼びます。

「エピソードを体験する」
「意味を知る」
「体で覚える」

この3つが、長期記憶に入れるための3要素であるとまとめることができます。

授業においては、これら3つの要素に働きかけるようにします。

「エピソードを体験する」「意味を知る」「体で覚える」で、長期記憶に取り入れる。

③足場掛けの法則

ビルを建てるとき、作業のための仮設の作業板や通路をビルの周囲に組むことがあります。

これを「足場」といいます。

足場は、作業状況に応じて徐々に高くなっていきますが、ビルが完成すれば取り払われます。

子どもは、自分というビルを自ら作り上げていく存在ですが、それが完成するまでに、先生や友達が作業の土台となる足場の役割を果たします。これが「足場づくり」の考え方です。

子どもには、模倣能力があります。

子どもは大人の指導や援助のもとであれば、はるかに大きなことができるのです。

例えば、2年生になったばかりの子どもは、これまでに足し算を習ってきています。先生に教えてもらえれば、九九の方法について理解することができます。

でも、どれだけ説明されても、中学校数学の因数分解を理解することは難しいでしょう。

足し算は「１人でできる」、九九は「手伝ってもらえればできる」、因数分解は「手伝ってもらってもできない」と分けることができます。

このように、子どもが行う活動には、「１人でできる」「手伝ってもらえればできる」のラインがあるのです。

学校教育は、多くの場合「１人でできる」ことを早急に求めがちなものです。

それは、自転車の乗り方を教えてすぐに「１人でできることこそすばらしいんだ」と、１人で自転車に乗らせ続けているようなものです。

そうではなくて、学んだばかりのことは、友達や先生の援助を得てできるようにします。**足場掛けを用意し、それらを徐々に減らしていくようにするのです。**

「手伝ってもらえればできる」領域に働きかけることで、「１人でできる」のラインが向上していく、とされています。

周囲の力を借りてできるようになることは、「１人でできる」ようになるまでの大切なステップの一つなのです。

足場を作り、徐々に１人でできるようにしていく。

④交互練習の法則

単元の中では、複数の事柄を教えなければいけないことがあります。

そういうときに、一つずつ教える「集中練習」をするべきでしょうか。

それとも、短期間ですべてを教えて何度も復習に取り組む「交互練習」をするべきでしょうか。

「いくつかの事柄について交互に学習すると、長期記憶の維持に役立つ」とされる研究があります。様々な種類の問題を混ぜることで、種類を見分け、その種類に共通する特徴に気付く能力が養われるのです。

試験や実際の環境では、問題の種類を判別して、正しい解決策を当てはめて解かなければならないものですが、交互練習では、それがうまくできるようになると言われています。

例えば、面積の学習では、三角形だけではなく、長方形、台形など、多くの面積の求め方を学習します。三角形の面積を求めるだけであれば、「底辺 × 高さ ÷2だな……」と考えながら計算します。このときに用いるのは、一時的な短期記憶のみです。つまり、負荷が軽いのです。

しかし、四角形の面積を学習した後に、三角形の面積を求めようとすれば、「四角形の面積は、縦×横で求めることができた。三角形は、ちがう公式だったな。たしか三角形は、底辺×高さ÷2だったかな……」と考えなくてはなりません。

負荷が重くなり、記憶に残りやすくなるのです。

ほかにも、社会科の歴史の授業であれば、縄文時代だけを学び、続けて弥生時代を学ぶのではなく、縄文時代と弥生時代を続けて学習し、そのちがいについて捉えていくようにします。

交互練習は、集中練習のように成果をパッと実感できません。一見すれば、1種類の練習を中断してほかの練習に移るようなやり方は、一貫性もなくて、非効率に思えます。**しかし、長期的に見ると、交互練習のほうが長期記憶に役立つと研究結果から分かっているのです。**

全体を知り、交互に繰り返す。

それが負荷となり、子どもの記憶定着に効果を発揮するのです。

複数の事柄を学び、交互に繰り返す。

⑤関連付けの法則

銀の産出国ベスト3が、1位メキシコ、2位ペルー、3位アメリカだったとします。

ではこれを覚えるとしましょう。

複数の情報を覚えなければならないとき、あなたならどのように覚えますか。

1つひとつ覚えたとすれば、それは5分もすれば、ほとんどの内容を忘れてしまうことでしょう。

覚えるために、効果的な方法があります。

それは、つなげることです。

覚えるべき事柄をまとめて、一体化させるのです。

これをチャンク化と呼びます。

人の短期記憶は、7±2まで覚えることができるとされています。しかし、チャンク化して統合すれば、そのまとまりを「1つ」として捉えることができるのです。

英国では、「世界記憶力選手権」なるものが、開催されています。入賞者の多くが、「視覚イメージによる記憶法」を実践しているといいます。

例えば、上記のような内容であれば、次のようにイメージするのです。

メキシコ＝メキシカンハット

ペルー＝アンデス山脈

アメリカ＝大統領

そして、この3つを併せて、頭の中で「メキシカンハットを被った大統領がアンデス山脈を見上げている」という映像を思い浮かべるのです。

既習の知識と結びつけることにより、記憶に残りやすくなるのです。

人の記憶は、関連付けることにより、どこまでも記憶することが可能になると言われています。

授業においては、これまで習ったことや知っていることと結びつけて新しい学習に取り組むようにします。また、思考ツールなどを活用することにより、関連付けが視覚化されるようにしていきます。

既習の知識と結びつけることにより、記憶に残りやすくなる。

⑥想起練習の法則

教科書にマーカーラインを引いたり、音読を繰り返したりすれば、あたかも「学習したような気」になることができます。

でも、そのような活動だけでは覚えることができていません。

人は、「思い出すこと」により記憶が統合されるのです。

授業を行う際には、学習を想起させるために、小さなテストを複数回設定するのが効果的とされています。短時間で多くテストを受ける人と、長時間で１度だけテストを受ける人の学力を比較した研究があります。

その結果として、短時間でテストを多く受けた学習者の方が、長時間でテストを少数回受けた学習者より得点が高いことが示されています。テストの頻度がより多いほど効果的と言えるのです。

これは、学習目的と到達基準が明確化され、分かりやすくなるためであると考えられます。

短時間でテストを多く行うと、間違いが起こります。教師の中には、「間違うことは悪である」というように捉えてしまっている人がいます。間違えることによって、その間違いを覚えてしまうかのように感じるのでしょう。

そこに誤解があります。学習者が間違えたとしても、訂正されれば間違いを覚えることはないのです。

小テストを実施すれば、多くの子どもは間違えますが、そういう誤りのある学習をすることにより、「何が分かっていて、何が分かっていないか」が分かるようになるのです。これが大切なのです。

一番重要なのは、本当に知っていることと、知っていると思っていることを検証するために、テストと想起練習をまめに行うことです。

「何が分かっていて、何が分かっていないか」を可視化します。そして、「これってなんだっけ？　ああ、そうだ、これだ」と想起する時間をつくるのです。

授業の中では、間違える時間をつくりましょう。悩む時間を作りましょう。間違えることを通じて、想起させ、学習を定着させていくのです。

「思い出すこと」により記憶を統合させる。

⑦間隔練習の法則

多くの人は、何かを習得しようとするときに、「ひたすら練習すれば上達する」と信じています。これは「集中練習」と呼ばれています。いわゆる「一夜漬け」のような学び方です。

集中練習をすると、「一気にたくさん覚えることができた」という実感があります。しかし、そこには負荷がありません。短期記憶の情報を用いて解けばよいので、「習得した」という高揚感だけが得られるのです。

しかし、新しい知識を学び、のちに応用できることが「学習」なのだとすれば、「いかに早く習得できるか」は問題ではないのです。

大事なのは、「必要になったときに思い出せるかどうか」です。

そうなると、何回も繰り返すよりも、むしろ間にほかのことを挟んだほうがよいのです。

「エビングハウスの忘却曲線」の図があります。

記憶した直後には100％の情報を保持していたとしても、20分後にはそのうち42％が、1

日後には74%が失われてしまうとされています。

間隔を空け、少し忘れてから思い出そうとすることで、統合が促され、記憶が強化されていきます。

少なくとも、いくらか忘れるまで時間をあけるのがよいと言えるでしょう。

新しい情報を長期記憶に入れるためには、「統合」という過程を経なければならないのです。すでに知っていることと関連づけるプロセスです。

それには何時間も、何日もかかることがあるのです。

学習というのは、1日で記憶に残すことは難しいのです。数日に分けて学びを繰り返していくことが大切なのです。

数日に分けて学びを繰り返していく。

エビングハウス忘却曲線

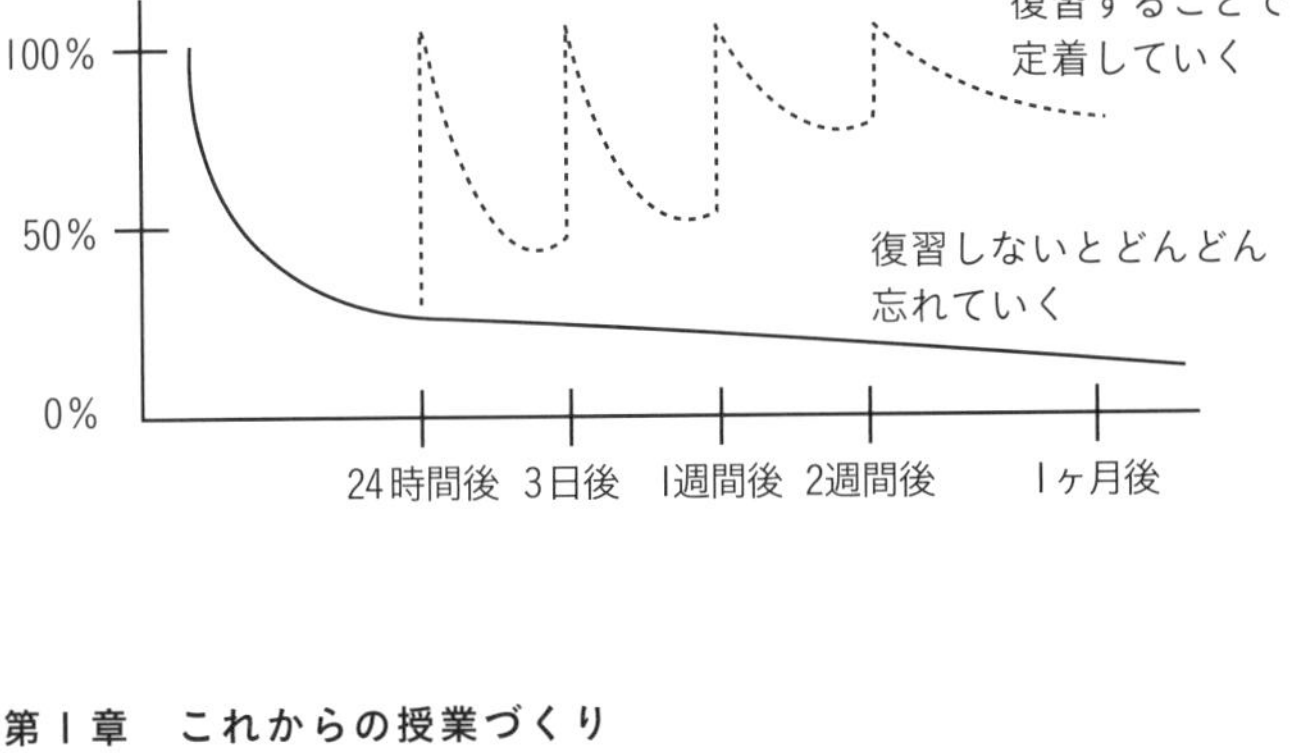

⑧多様練習の法則

問題を解かせるときに、どのような問題に取り組ませるべきでしょうか。同じような問題でしょうか。それとも、多様な問題でしょうか。

ここで、玉入れの実験について紹介します。

児童を2つのグループに分けて、玉入れの練習をさせました。

1つ目のグループは、60㎝と120㎝で練習しました。

2つ目のグループは、90㎝だけで練習しました。

3ヶ月後、90㎝のカゴに入れるテストをしたところ、1つ目のグループの方が、成績がよかったのです。

全く同じ問題、同じ程度の難易度の練習では易し過ぎるのです。

種類の異なる練習をすると、脳のちがう部分が活性化され、能力が向上するのです。

あまり努力を要しない学習で学んだことは、脳の単純かつ貧困な部分でしか処理されませ

ん。多彩で、ふだんより頭を使う学習をするときには、記憶が統合されやすいのです。
複雑で頭を使う問題で学んだことは、様々なことに対応できる柔軟な部分に組み込まれます。

問題を解くときには、様々なシチュエーションから行うのがよいと言えます。いろいろな数字、いろいろな設定の問題に取り組みます。

単調な学習ではなく、いろいろな種類の練習プリントを用意します。

学習とは、経験による変化です。

経験を繰り返すことで、だんだん誤りが少なくなっていくのです。

学びとは、つまるところ「いそがば回れ」が一番なのです。

苦労するからこそ定着し、いつでも駆動する知識となり得るのです。

問題を解くときには、様々なシチュエーションで行うのがよい。

これからの授業づくり

従来の学習では、「どうやったらできるようになるのか」を考えておしまいになる授業が多くなされてきました。

これからは、「できるようになったことを、どう活用するか」「学んだことを用いて、どのように探究するか」というように学びを深めていくのです。

学習指導要領では、学びの過程が「習得」「活用」「探究」の3つに分けられています。

本書では、より知識・技能の定着を図るべく、「習得」を「技能期」と「習熟期」の2つに分けています。

まとめると、「技能期」「習熟期」「活用期」「探究期」の4つに分けられるのです。

「技能期」は、教科学習の時間に行われ、学習指導要領や教科書で定められた基礎的基本的な知識・技能を子どもに習得させることをねらいとしています。

「習熟期」は、技能期で学んだ知識・技能のしっかりとした定着をはかります。

「活用期」は、子どもが思考や表現の型を活用して課題を解決し、その結果を個性的に表現する課題解決的な教科学習を行います。

「探究期」は、学習指導要領に規定された総合的な学習の時間で行われる探究的な学習のことで、21世紀社会の諸問題をテーマとして扱い、子どもの主体性を大幅に認め育てて、共同的、創造的に学び、多くの汎用的能力を育てる学習を行います。

これを「自転車の乗り方の学習」で例えてみると、次のようなイメージになります。

①技能期「乗り方を知る」
自転車の乗り方や、運転の方法を知ります。

②習熟期「何度も練習する」
先生や友達に手伝ってもらいながら、
何度も練習し、乗れるようになります。

③活用期「コース内で乗りこなす」
練習コース内において、カーブや急ストップなどの難しい状況を練習します。
STOP

④探究期「あらゆる道で乗りこなす」
道路や山道など、外の世界の様々な場で乗れるようになります。

教師のあり方

授業をつくるにあたり、「教師がどうあるべきか」を考えておきましょう。教師のあり方は、いつも一定ではありません。それぞれの期で、学びの内容に合わせて変化させる必要があります。

①技能期の教師は「一斉指導者」

技能期では、いわゆる「一斉指導者」としてのあり方を保ちます。

全員に分かるよう教えることに専念します。教師は、教えることに力を注ぎ、教え方を工夫します。いかに子どもの記憶に残るようにするかを中心に考えます。工夫によって、「先生がこう教えていた」という「エピソード記憶」にすることができます。また、意味を分かりやすく教え、「意味記憶」へとつなげていきます。

ここには、たくさんの技法があります。

適切な技法を組み合わせて、１つの授業をつくりあげます。

全体的に子どもたちが授業内容を理解できているかどうか、学級全体の雰囲気をよく観察しながら授業を行います。

②習熟期の教師は「個別支援者」

習熟期では、知識・技能を定着させるための問題学習を中心に活動に取り組みます。

子どもたちは、自分たちのペースで学習を進めていきます。

分からないところは、自分たちで教え合います。できなかった子どもはできるようになっていき、既にできている子は、安定してできるようになります。

テニスで例えるならば、技能期において習ったラリーの仕方をもとにして、習熟期では子ども同士で何度も打ち合いを繰り返すようなイメージです。

子ども自身により、知識・技能の習熟を深めていくのです。

このとき、教師は手が空きます。ここで、子どもたちの「個別の支援者」になるのです。

できない子ども、分からない子どもの多くは、手が止まっています。この子どもたちを、教師が支援するのです。

習熟期の個別の支援を通じて、全員が「分かる・できる」ようになることを目指していきます。

③活用期の教師は「学びの繋ぎ手」

教師は、子どもの「学びの繋ぎ手」になります。

「あっちのグループはこう考えていたよ」というように、グループとグループの学びをつなぐような役割を果たしていくのです。

活用期の活動は、複雑な問題や、思考力を必要とする制作物などが主となります。活動のヒントとなるように、多様な意見を取り上げます。存分に、いろいろな子どもの意見を取り上げて、思考の枠を広げられるようにします。

教師には、「子どもの学びの繋ぎ手」としてのあり方が望まれます。

④探究期の教師は「ファシリテーター」

探究期では、教師はファシリテーターに徹します。

ファシリテーションとは、日本語の「促進」を意味します。つまり、学習者の体験、活動を促し、学びを深化させることを言います。

ファシリテーションのポイントは、学習者の体験を、スムーズに、深くさせるために関与することです。

そのために、教師はファシリテーターとなり、学習者が出来事について思考するのを手伝います。そこで何を感じたのかを掘り下げ、言葉にすることを促すのです。

そのためには、学習者の話を聴くのはもちろん、体験を掘り下げるような問いを投げかけ、相手が言葉にできない感覚を推測し、明確にしていくなどのカウンセリング技法が必要になるのです。

探究期では、子どもたち自身が「問い」を立てて探究します。その場合、教師はその「答え」を必ずしも知っていなくてもかまいません。

むしろ、知らないことの方が多いものです。「最速の紙飛行機の作り方は？」とか「どうすれば戦争は無くせるのか？」などといった問いに対して、即座に答えられる先生はほとんどいないでしょう。

でも、それで全く問題ありません。

教師は「協同開発者」であり、「探究支援者」になります。

探究期における教師は、「答えをもっている人」ではなく、頼れる「探究支援のプロ」になる必要があるのです。

コラム　記憶の固定化と睡眠時の脳活動

記憶の固定化には、睡眠が深く関与していることが分かってきています。睡眠はレム睡眠（浅い眠り）とノンレム睡眠（深い眠り）に大別できますが、このうちのノンレム睡眠が記憶の固定化と深く関わっています。

例えば、単語のリストなどを学習し、一晩寝た後でどれくらい覚えているかをテストします。

このとき、ノンレム睡眠の量が少なかったり、妨害されたりすると、記憶の成績が悪くなることが示されています。

また、課題の前日のノンレム睡眠の量がよくないときにも、記憶に悪影響があります。**つまり、記憶が効率よく固定化するためには、前日と当日のノンレム睡眠の量が重要だと言うことができます。**

生まれたばかりの赤ちゃんは、1日の大半を眠って過ごしています。睡眠中に脳は情報処理や記憶の固定を行っており、それが脳神経細胞のネットワークの発達にも役立っていると考えられています。

眠っている間に、赤ちゃんは成長しているのです。

小学生、中学生も、まだまだ脳が大きく成長している時期です。睡眠時間の確保が、学力・体力の向上へとつながります。

しかしながら、睡眠時間というと、家庭のことであり、学校としては取り組みにくいところです。

最近では、「眠育」などの活動が取り組まれている学校があります。

睡眠時間の記録をつけて、睡眠時間の重要性を啓発する取り組みです。

学力を確実に向上させるためには、保護者の方の理解を求めつつ、睡眠時間が十分にとれるように促していく必要があると言えるでしょう。

第2章 技能期の授業づくり

技能期とは

技能期は、教科学習の時間に行われ、学習指導要領や教科書で定められた基礎的・基本的な知識・技能を子どもにしっかりと習得させることをねらいとしています。その単元で身に付けさせなければならない「知識・技能」を習得させることを中心にして、学習を進めていくのです。

基本的には、「一斉指導」という形態で授業を行います。

一斉指導とは、一人の指導者のもとに多数の生徒が同じ課題に取り組み、その結果を交流し、互いに深め合っていく学習形態を示します。

1990年代頃を筆頭にして、「指導ではなくて支援を」「教え込みはよくない」と周りから言われすぎたため、現在の若い世代の教師は「分かりやすく教える手だてをあまりもっていない」と言われています。

これは、なかなか深刻な状況です。

分かりやすく教えるにあたっては、メディアなどが参考になります。

例えば、テレビ番組などは、競合相手が多い中で、少しでも見てもらいたいので、興味を引きつけられるように工夫されています。

歴史の教養番組などもありますが、映像とナレーションを組み合わせ、情報もよく整理されており、視聴者が理解しやすいような工夫がなされています。再現ドラマ風にして人間的なエピソードを盛り込み、現代の我々でも共感しやすいようにつくられているものもあります。

子どもに「学校の歴史の授業と、テレビの歴史番組では、どちらがおもしろいか」「どちらが分かりやすいか」と尋ねると、ふつうはテレビと答えることでしょう。

そこには、工夫があるからなのです。

メディアのような「情報提示の工夫」を授業にも取り入れられたら、もっと分かりやすく、もっとおもしろくなるはずです。

ここは、教師の腕の見せ所だと言うこともできます。

子どもの主体的な活動や創造的な活動が行われますが、そのレベルはそれほど高くありません。

教師が学習課題の提示や学習内容・学習方法をほとんど決定するので、子どもの自己決定の裁量がそれほど大きいわけでもないのです。

ただし、教師による一方的な教え込みにならないように、子どもたちの活動を適切に取り入れていきます。

後の「習熟期」や「活用期」に充分な時間を確保するためには、「技能期」の時数を短くすることが必要です。

「教えるべきこと」と「考えさせるべきこと」の要点を捉え、分かりやすい授業を目指し、短い時間で教えきることができるようにしたいものです。

技能期は、1時間の授業が6つの段階で成り立っており、その中に11種類の技術があります。

①学習課題の提示

まずは、教師が課題を提示します。めあての後半部分を子どもに言わせたり、既習時項をもとにして、どんなめあてになるのかを考えさせたりするのもよいでしょう。

- **技能期の技術①導入**
- **技能期の技術②音読**
- **技能期の技術③発問**

②解決の見通し

子どもの発言を拾いながら、「解決の見通し」を出させます。ここでは細かな解決へのステップを出させるのではなく、大まかな解決への見取り図をイメージさせます。

③自力解決

そして、ノートに自分なりの解決策や表現のためのアイデアを書かせて、5分程度の自力解決の時間をとります。「望ましい困難」が感じられるようにします。また、これによって、後のグループワークでの自分の立ち位置を明らかにさせるのです。

自力解決に必要な時間は、5〜6分程度です。分からない場合は、「分からない」でもいいのです。スタート時の自分の立場をもちます。そして、これを主体的な「協働解決」へと進むために使うのです。

④協働解決

一人ひとりが自分の考えや意見、解決のアイデアをもってグループワークに入ります。積極的に発言する子どもの意見が常に採用されたり、発言しにくい子どもの意見が埋没したりすることがないように、話し合いの進め方や発言の仕方を教えていくことが必要です。

・技能期の技術④グループ学習と座席位置
・技能期の技術⑤対話

⑤一斉検証

グループワークでまとまった考えや意見を発表し、クラス全体で「一斉検証」する場面を設定します。

・技能期の技術⑥指名・発表
・技能期の技術⑦説明
・技能期の技術⑧板書

⑥まとめとふりかえり

最後に「まとめとふりかえり」として、本時で学んだことをまとめてふりかえる活動を行います。

その授業内で学んだことを思い出し、「想起練習」の機会にするのです。

・技能期の技術⑨練習問題
・技能期の技術⑩ふりかえり

・技能期の技術⑪思考ツール

この形は基本形であり、すべての授業がこの通りになるわけではありません。時間の配分なども異なります。

例えば、国語などでは、「見通し」の時間はほとんど設けられません。また、体育などの教科では「自力解決」にかける時間は短くなります。

教科の特性に合わせて柔軟に変化させて授業をつくるようにしましょう。

技能期の技術①

導入

導入のポイント

授業の導入は「しかけ」とも呼ばれます。**子どもたちが学びに向かうために、それを学びたいと思うかどうか、そのきっかけを与えてくれるのが導入なのです。**

「単元はじめ」に関しては、特に念入りに導入を工夫するべきでしょう。ただし、導入をつくるにあたっては、「おもしろければいい」というわけではありません。例えば、子どもにとって「おもしろいキャラクターが出てきた」とか興味を引きつけるものだとしても、それが学びにつながるものでなければ意味がありません。「単なる盛り上がり」は必要ないのです。**単元全体にわたって「学びたい」と思えるほどに、子どもたちを引きつけられるような導入を準備しましょう。**コツは、「見せたいものを見せない」「聞かせたいことは聞かせない」ようにすることです。子どもの動物的な本能に刺激を働きかけるようにすると、集中させることができるものです。

ワークショップ
学習内容に関するワークショップを体験させます。
読み聞かせ
学習内容と関係ある本を読み聞かせます。
クイズ
学習内容に関するクイズを出題します。
虫の足の数は6本である。○か×か。
体験会
学習内容を体験し、楽しさと難しさを感じさせます。
まずは体験してみましょう。

人形劇
学習内容に関するやりとりを人形劇で表現します。
映画鑑賞
学習内容に関する映画を視聴します。
映像
学習内容に関する映像を見せます。
―市の様子です。
絵・写真
学習内容に関する絵や写真を見せます。

落語・漫談・エピソード
学習内容についての小話をします。
日曜日に公園を歩いていると「あるもの」を踏んで転んでね、
実物
学習内容に出てくる物を出して見せます。
校庭でこんなものを見つけました。
実演
学習内容について実際にやって見せます。
こんな実験をします！
紙芝居
学習内容について紙芝居にして見せます。

ポスター
学習内容に関係のあるポスターを見せます。
こんなポスターを見ました。
プレゼンテーション
学習内容についてプレゼンテーションします。
おもしろい問題文
学習内容に関するユーモラスな文を提示します。
A先生が時速15kmで走っていました。
フラッシュカード
学習内容に関係のあるカードを見せます。
これは何？

欠けた文章
学習内容について、一部不足のある問題文を提示します。
落ちてきたら
今度は
もっと高く
もっともっと高く
何度でも
打ち上げよう
黒田
手紙
学習内容について、手紙にして出題します。
四年三組のみなさんに相談したいことがあります。～について教えて下さい。
電話
学習内容について、電話から聞く形で出題します。
ハイハイ。校長先生ですか。～について調べてほしいということですね。
音声
学習内容について、音声にして課題を知らせます。
～のやり方を説明せよ。

復習問題
学習内容について、復習問題に取り組みます。
復習問題です。
小テスト
学習内容について、短く解くことのできる問題をします。
小テストです。
名言
学習内容に関係のある名言を取り上げます。
こんな名言があります。
空想は知識より重要である。
詩の紹介
学習内容に関係のある詩を紹介します。
おれはかまきり　かまきりりゅうじ
おうなつだぜ
おれはげんきだぜ
こんな詩があります。

パフォーマンス
学習内容について、パフォーマンスを行います。
この曲を知っていますか？
歌
学習内容について関係がある歌を流します。
こんな歌があります。
パペットの間違い
学習内容について、パペットが間違えて見せることにより、関心をもたせます。
$\frac{3}{4} \div \frac{1}{2} = ?$
そのまま割ればいいんだよ～！
あそび
学習内容について、遊びで体感させます。

指令つき顔写真
学習内容について、指令付きの顔写真を見せて意欲をもたせます。
日本の領域がわかるかな？
理想的な見本
学習内容について、理想的な見本を見せ、活動への意欲を喚起します。
今日はこの技を学びます。
数字
何に関係のある数字なのかを考えさせます。
何の数だと思いますか？
5
めあての書きかけ
学習のめあてを途中まで書き、続きを考えさせます。
めあての続きを考えよう。

技能期の技術②

音読

音読のポイント

音読は、主に国語の授業で取り扱いますが、問題文を読みあげたり、その時間の目当てを声に出したりなど、すべての教科でなされる活動と言えます。**音読によって、問題をはっきりさせたり、学級全体のものにしたり、子ども1人ひとりの内容を深めたり、確かなものにしたりすることができるからです。**

音読はどの教科においても同じやり方でよいというものではありません。それぞれの教科、教材や授業展開などにより、様々な音読の仕方を取り入れていくことが大切です。

教材文をはじめて読む場合には、先生の後に続いて読む「追い読み」から始めるのが有効です。また、追い読みの後には「全員読み」に取り組むようにします。そうすることにより、音読が苦手な子どもにとって、漢字の読みや、つっかえや表現などを、周りの子どもの声を通して正すことができるのです。

追い読み
先生の後に続いて読みます。
小さな魚の兄弟たちが、
小さな魚の兄弟たちが、
全員読み
全員で一斉に読みます。
小さな魚の兄弟たちが、
指名なし音読
指名なしに、1人が音読をします。
みんな赤いのに
順番読み
1文ずつ順番に交代して読んでいきます。
楽しくくらしていた
みんな赤いのに

一文交代読み（先生と子ども）
教師と子どもで、一文ずつ交代して読みます。
小さな魚の兄弟たちが楽しく暮らしていた。
みんな赤いのに
一文交代読み（子ども半々）
教室を半分のグループに分けて、一文ずつ交互に読みます。
小さな魚の兄弟たちが楽しく暮らしていた。
みんな赤いのに
一文交代読み（号車ごとに）
号車ごとに一文ずつ交代して読みます。
一匹だけはからすよりもまっ黒！
みんな赤いのに
たけのこ読み
自分が読みたいと考えたところで立ち上がり、文を読みます。一文読んだら座ります。
みんな赤いのに

一人読み
一定のところまで読んだら座ります。
みんな赤いのに一匹だけは、
泳ぐのは誰よりも、
ペアたけのこ読み
となりの人が立ち上がったら、強制的に立ち上がって読みます。
みんな赤いのに
動作読み
登場人物の動作をやってみながら読みます。
泳ぐのは誰よりも速かった。
ものまね読み
キャラクターや登場人物等のものまねをしながら読みます。
ネコになって。
泳ぐのは誰よりも速かったニャン！

歩行読み
教室を歩き回りながら読みます。
名前はスイミー！
みんな赤いのに一匹だけはからす貝よりもまっくろ！
表現読み
声の高さや大きさ速さなど、表現を意識して読みます。
みんな赤いのに一匹だけはからす貝よりもまっくろ！
全力読み
お腹にたっぷりと息を吸い込み、全力で読みます。
お手伝い暗唱
友達に暗唱のヒントを出してもらいながら、暗唱の練習をします。
小さな魚の・・・
きょう
兄弟たちが

技能期の技術③

発問

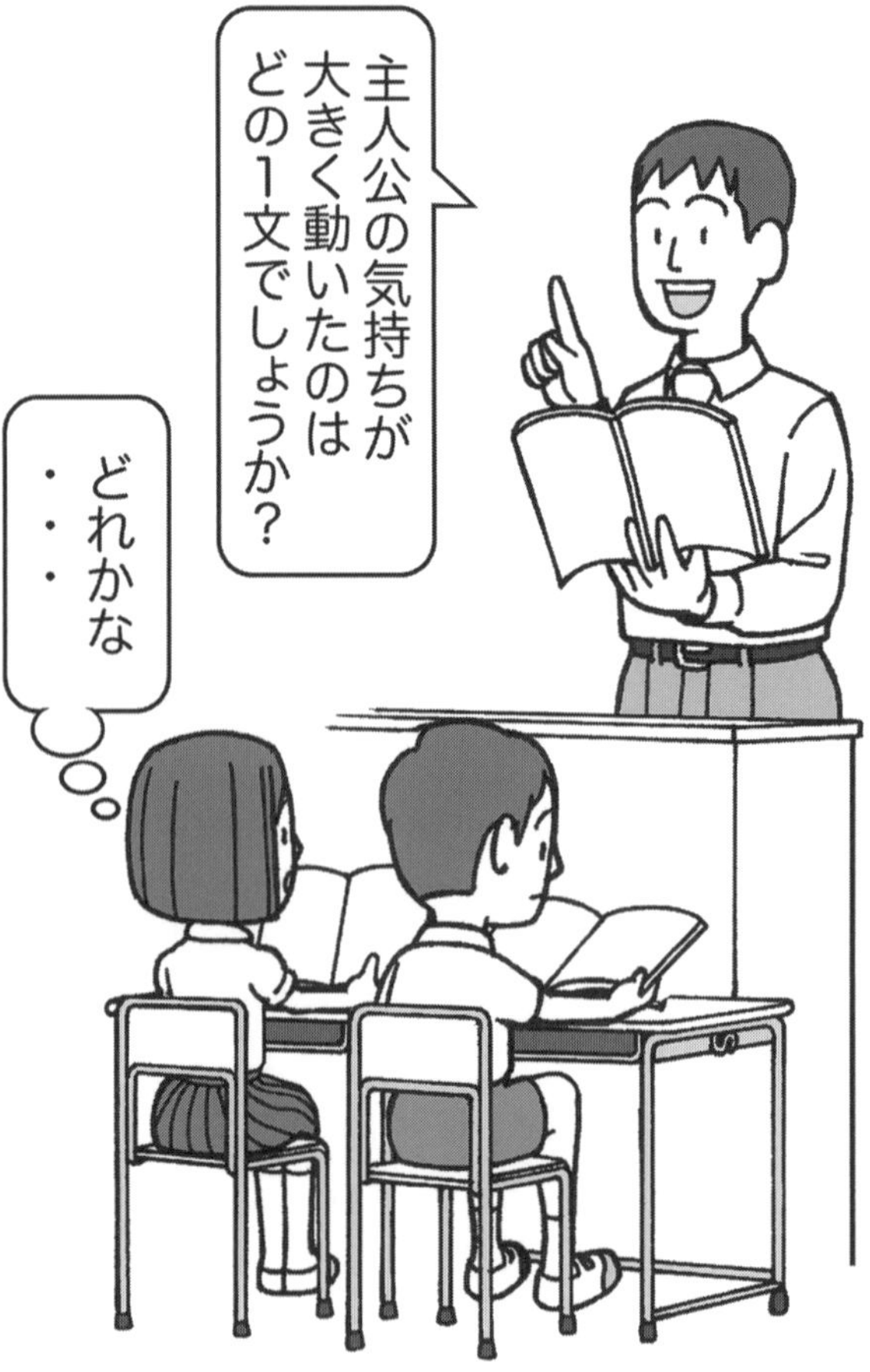
主人公の気持ちが
大きく動いたのは
どの1文でしょうか？
どれかな
・・・

発問のポイント

授業の中では、子どもの思考を働かせたり、気付きを促したりするために、発問を行います。発問をすることによって、授業で最も考えさせたいことが、「中心発問」になります。「この一時間は、この発問で考えさせる」という中心発問を１つ用意しましょう。

問われるのは、この「中心発問の質」です。

発問に、「勉強のできる子」だけが答えられるということは、よくありません。

反対に発問に、誰でも答えられるというのは、簡単すぎて、退屈な授業になりかねません。

「発問」に対して、「できる子」も「できない子」も食らいついて、しかも、誰が正解になるか分からないというのが、よい発問です。

「すべての子どもにとって価値ある発問」を生み出していけるように、教材と向き合うようにしてみましょう。

一問多答
発問を１つして、子どもが多くの考えを発表します。授業のはじめなどにおいて、大きな捉えをするために有効です。

写真を見て気づいたことを言いましょう。

一問一答
教師が１つを問いかけて、子ども１つの解答を促します。教師は、いくつもの別の問いを投げかけていきます。

物語のときはいつですか？

春です。

場所はどこですか？

校庭です。

仮定
もしもの状況を捉え、仮定的に思考を促します。

もしもみんなが主人公ならどうする？

数珠つなぎ
教師が１つ問いかけて、子どもが１つの回答を答えます。出された答えを受けて、教師が質問をつなげていきます。

まず、何がありましたか？

ごんが見つかりました。

そのとき兵十はどう考えましたか？

発見
資料を見て、気付いたことについて尋ねます。
グラフを見て気づいたことはありますか？
二項対立
2つのものを比べて、ちがいに気付かせます。
あなたの意見はどちらですか？
A～～～～
B～～～～～
問い返し発問
子どもの意見に対して問い返します。
～だと思います。
それってどういうこと？
切り返し発問
子どもの意見に対して反論するように切り返します。
～～～～です。
でも、～～じゃない？

グループ学習と座席位置

グループ学習と座席位置のポイント

グループ学習は、子どもたち一人ひとりの学習を充実させたり、子どもと子どもの学習をつなげたりする大事な時間です。

グループ学習がうまくできて、学級全体やそれぞれの子どもが充実し、疑問点や問題点について自分の意見を明確にもつことにより、学習が深まっていくのです。

教師は、それぞれのグループを、よく観察し、時には介入して活動を支えましょう。

グループの人数は、多くなればなるほど、成功の助けとなる学習資源も増えることになります。ただし、活動の量が少なくなり、相互作用は少なくなります。

反対に少なくなればなるほど、学習資源は減りますが、割り当てられた活動をサボることができなくなります。

また、活動時間は、グループが大きくなればなるほど、長い時間を必要とするようになります。

これらのバランスを考慮したうえで、グループを構成するようにしましょう。

ペア

隣の人などと2人組で活動をします。

・ペア横向き
・ペア対面

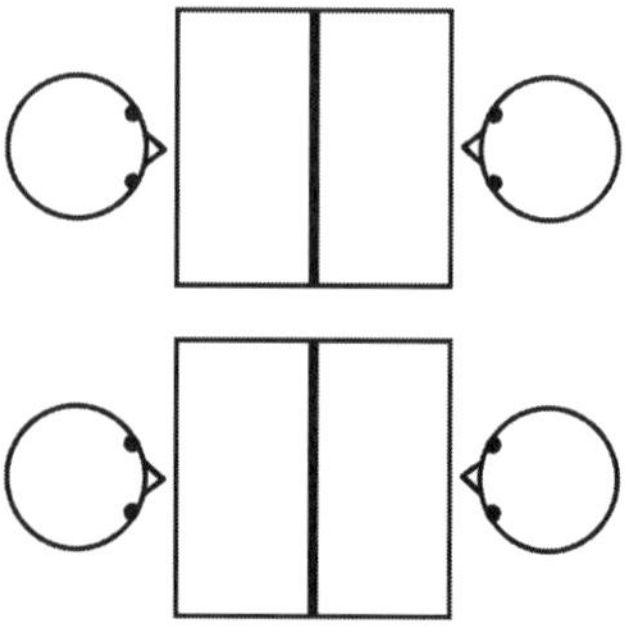

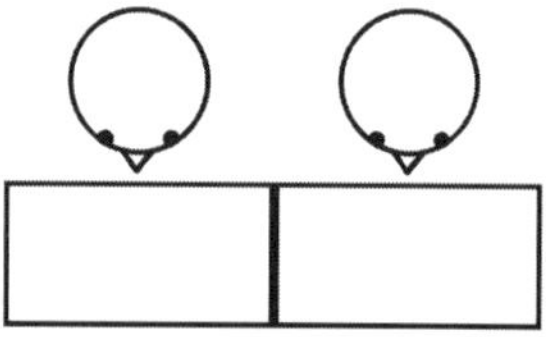

号車

8人程度で机を固めて、号車とします。

・長方形
・I型

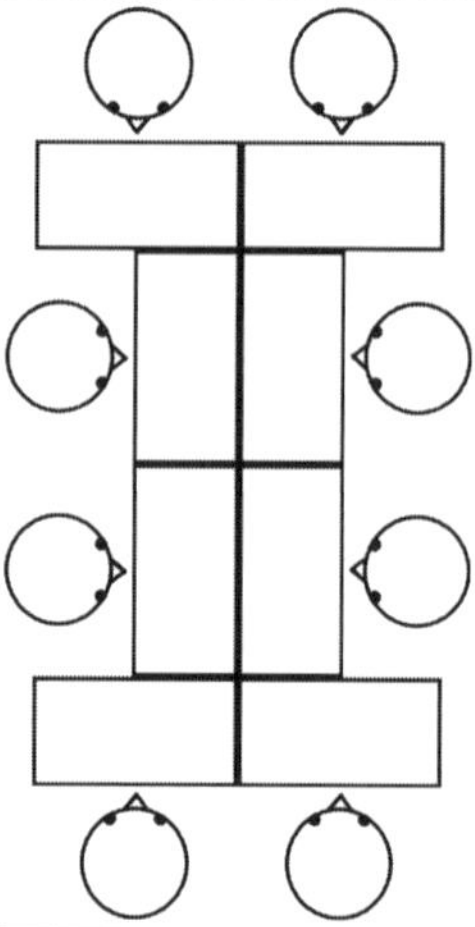

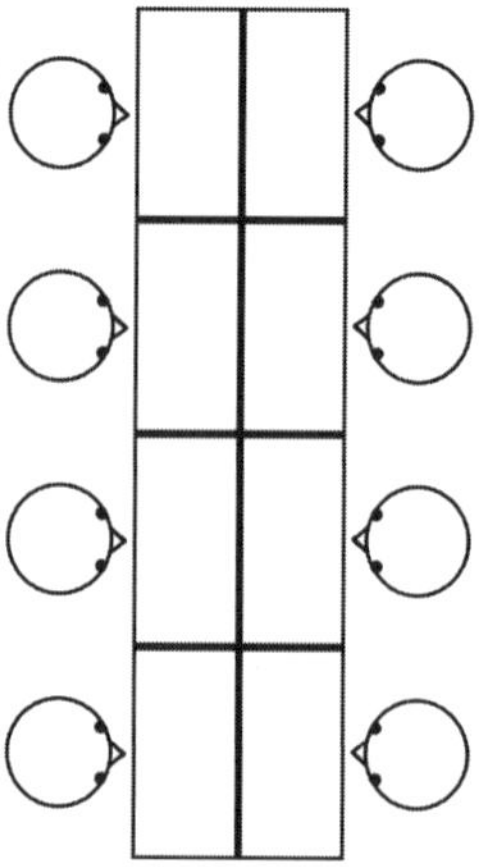

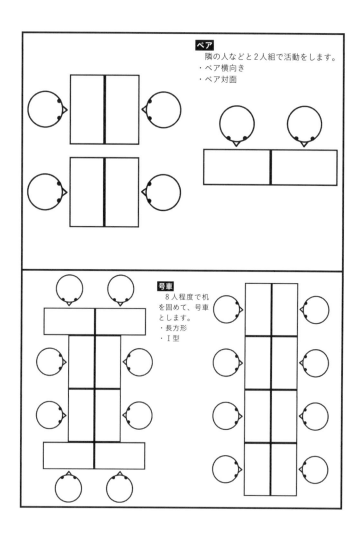

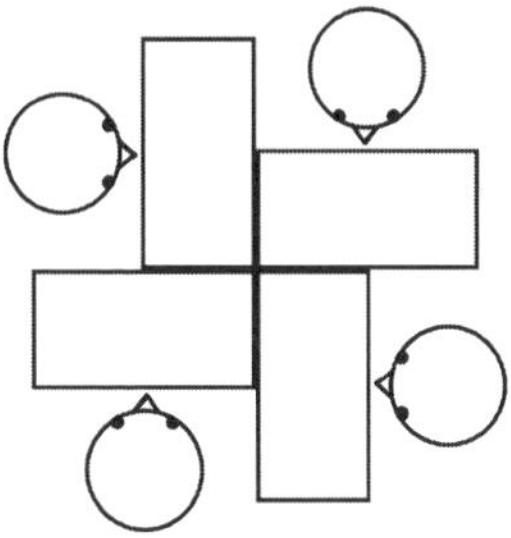

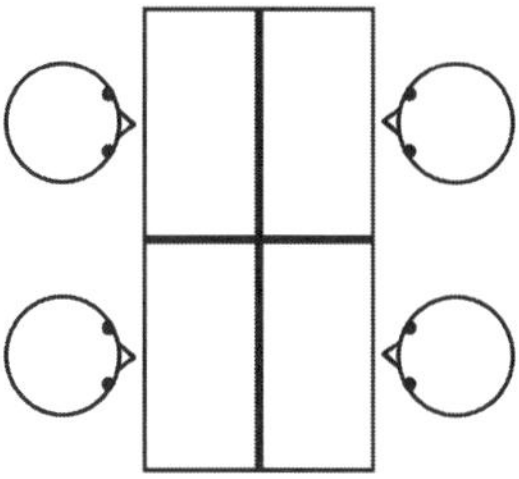

班

4人程度のグループを作り、活動します。
・四角形　・風車　・T字　・コの字型

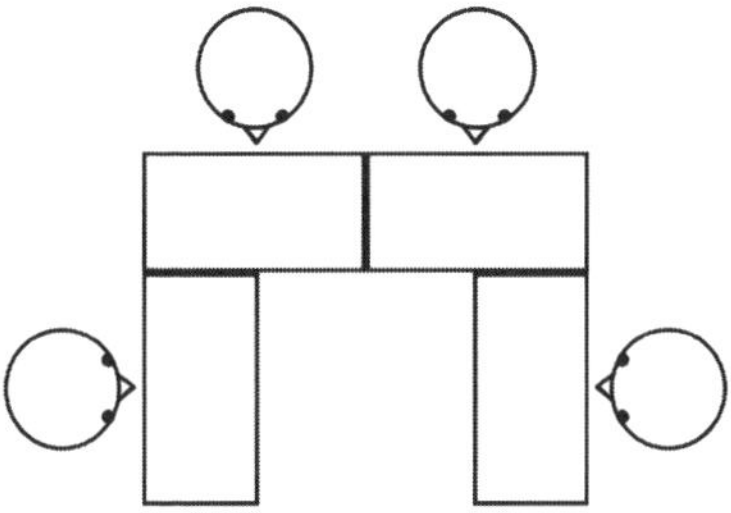

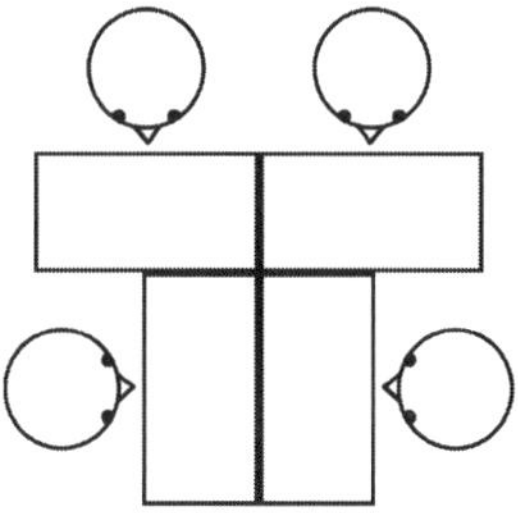

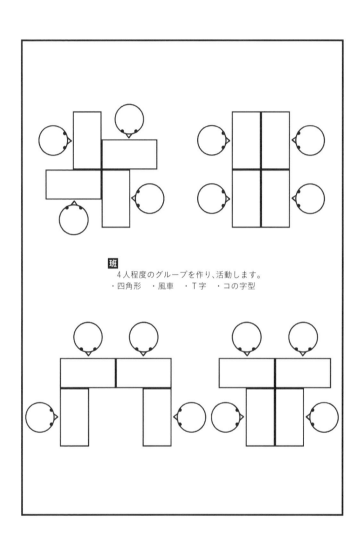

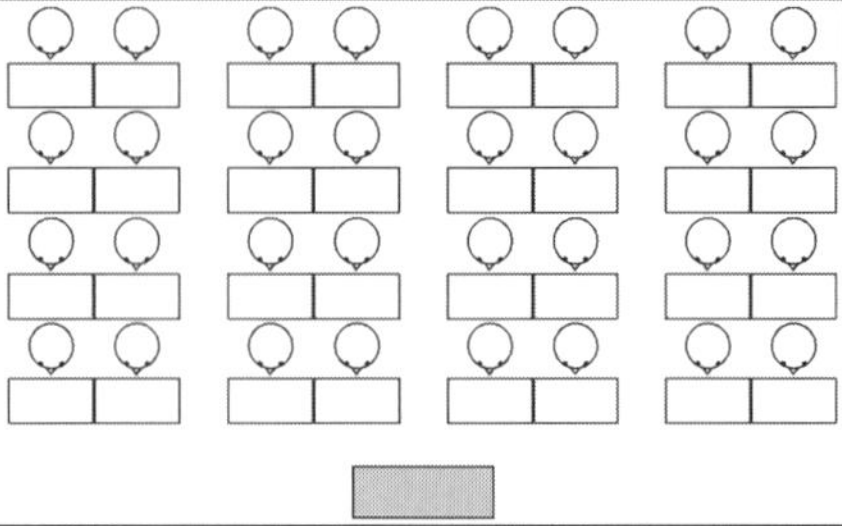

全体
全員が前向きに座ります。
・前向き

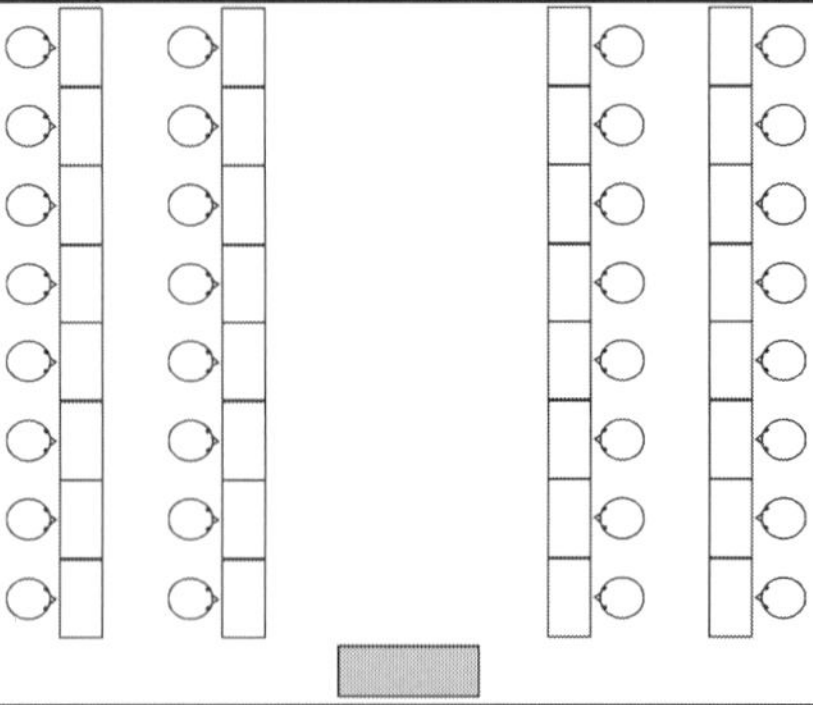

・教室対面型
教室が半分ずつ対面するように向かい合います。

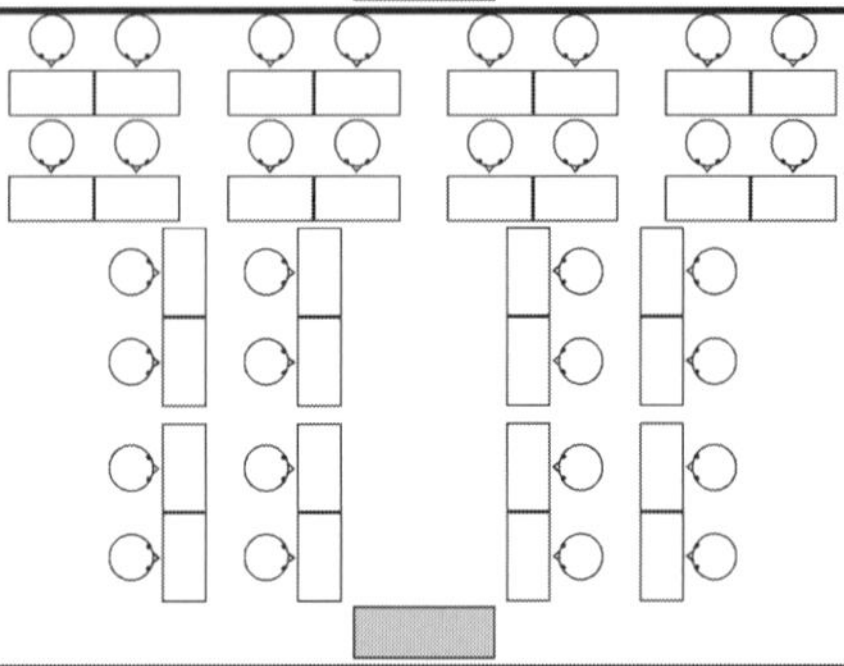

・コの字型
「コの字」になるように中心を向いて座ります。

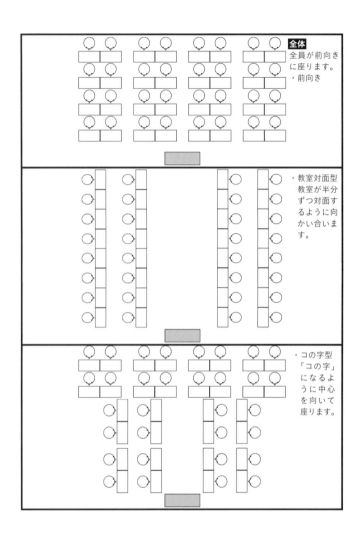

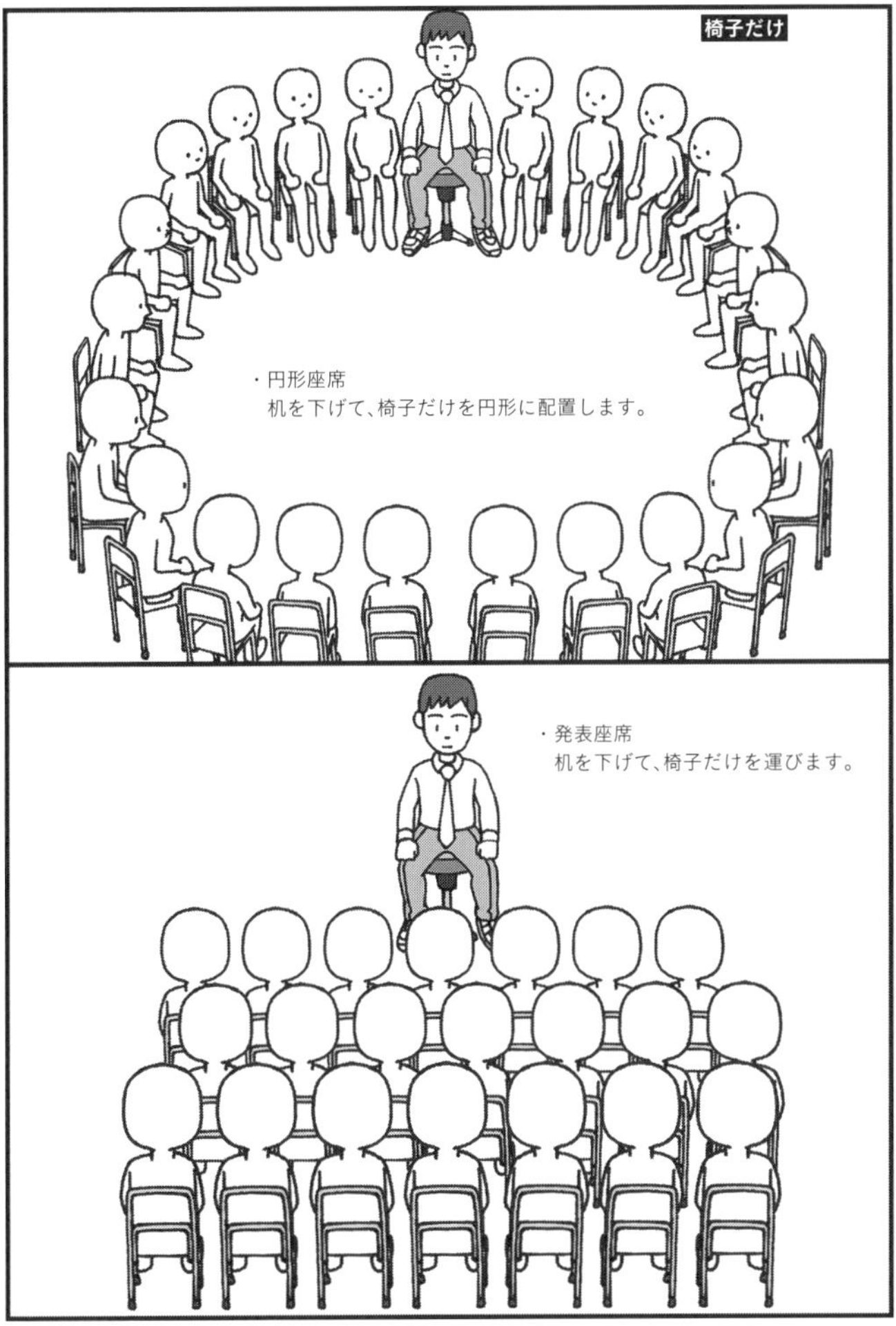
椅子だけ
・円形座席
机を下げて、椅子だけを円形に配置します。
・発表座席
机を下げて、椅子だけを運びます。

技能期の技術⑤

対話

対話のポイント

まずは、自分の考えを作ります。その考えをもとにして、ペアやグループでの話し合いをします。対話をする際には、3つの条件をもちます。

①話したいことを短く区切り、相手と交互に話す。
②相手の話を聞いているよ、という態度や反応を示しながら聞く。
③終わりの合図があるまで、沈黙の時間を作らない。

このルールは、積極的な一人が一方的に話し、対話が終わってしまう傾向を克服するためでもあります。具体的には、話したいことが3つあったら、そのうちのまず1つを話しなさいと伝えます。40人近くの学級全員が、全員発表することは難しいものです。だからこそ、自分の思いを音声言語で伝えるために、対話の時間において、実際に話すという活動を保障するようにします。ペア対話は時間の指定はせず、教師にとって適当と感じられるところで「やめ」と合図をかけます。合図に合わせてすばやくやめられることを徹底しましょう。

ペア討論
ペアで互いの意見を交わし合います。
絶対Aだよ。なぜかというと
そんなことないよ。Bだよ。
ペア対話
となりや前後の人と2人組を作って話し合います。
どうだった？
ぼくはねー
グループ討論
グループでお互いの考えと根拠について意見を交わします。
ぼくはAすべきだと思う！
いや、Bすべきでしょう！
グループ対話
4人グループで話し合います。
ぼくの考えは

お見合い方式

号車隊形にして、片側の人だけ、イスを移動していきます。

立ち歩き対話

立ち歩き、様々な人と交流しましょう。「3人と発表」など、交流の人数に制限を設けるのもよいでしょう。

4すみ発表

4人を当てます。そのなかから、自分が話を聞きたいと思う人のところに移動します。

ノート鑑賞タイム

ノートを開きましょう。みんなで、お互いのノートを見合いましょう。

指名・発表

指名・発表のポイント

子どもを指名し、発表させるときの技術です。問題の解き方を質問したり、思い出させたり、発想を広げたりなど、授業の中の様々な場面で見られます。

これには、子どもの理解の度合いをはかり、適度な緊張感をもたせる効果をも生み出します。様々な指名方法をとり、学級全体をまんべんなく指名できるように心がけましょう。

話し合い活動においては、事前に自分の意見を書いてから始めます。理由だけではなく、根拠も示せるようにします。

討論を始める前に、「ノートに、自分の意見の理由まで書きなさい。書けたら持ってきなさい。」として、丸つけをすると、その根拠に自信をもって発表に臨むことができます。

意見が出ないときは、教師も焦りを感じるものです。しかし、意見が出るのを待ちましょう。待つときに、子どもの知性への信頼が試されます。子どもの意見を待つことは、子どもを徹底的に信じていなければできないことだからです。

意図指名
意図的な順番で、教師が指名していきます。
これについてAさんはどう思う?
私は〜だと思いました。
挙手指名
挙手した子どもを指名します。
Aさん。
ハイ!〜だと思います。
くじ指名
くじを引き、指名します。
出席番号が4番の人。
私は〜だと考えました。
列指名（縦・横・斜め）
列丸ごと指名します。
この列の人起立。前から意見を言って座りましょう。
私は〜と思います。

指名なし発表
自由に起立して、譲り合いながら発表します。
私は～と思います。
ぼくは～と思います。
相互指名
当てられた人が、次の発表者を指名します。
私は～と思います。
Aさん。
ハイ！
立ち歩き発表
教室内を歩き回り、出会った人と意見を交換します。
私は～と思いました。あなたは？
僕は～と考えました。
班代表発表
班で話し合った後、代表の人が発表します。
私達の班では～という意見が出ました。

説明

説明のポイント

子どもに思考させる授業が求められていますが、すべての内容を考えさせるわけではありません。

授業の準備を進めるにあたっては、教科書をもとにして教材研究をします。このとき、教科書に記述されている内容について、「子どもに気付かせること」と、「教師が子どもに教えること」の2つに分けて考えます。

学習内容は、「子ども自身が気付いたり見付けたりすることに意味があるもの」と、「決して子ども自身では気付けないことだけれども確実に教えなければならないこと」の2つに分かれるからです。

「教師が子どもに教えること」は、教師が明確に説明することによって、既成の法則とか原則とか知識とかを、深く理解させられるのです。

教師には分かりやすく説明する手腕が求められます。

理想像
できている子どものやり方を再現して、長所を考えさせます。
Aさんのいいところはどこだろう。
12
×37
84
36
444
失敗例
失敗例を示して、「なぜ失敗するのか」から気付きを促します。
×複
こんな間違いをする人がいます。
スローモーション
ゆっくりと実演してみせます。
この漢字はまず少しだけ上がるように横向きの線を書きます。
対比
2つのやり方を提示し、比較させます。
2つのやり方を比べてみましょう。
トゥー
プー

確認
子どもの状態を確認します。
・はじめてもいいですか？
・ここまではいいですか？
・すると、答えはどうなりますか？
・どんな式になりますか？
～ということです。ここまではいいですか？
図・グラフ
図やグラフを示し、根拠をもって説明します。
グラフを見てみましょう。
ナンバリング
あらかじめポイントの数を示します。
逆上がりのポイントは3つあります。1つ目はわきしめ。2つ目は足の場所です。3つ目は蹴る方向です。
サンドイッチ
「結論→理由→結論」の順に伝えます。
結論 ← 理由 ← 結論

比喩
ほかのものに例えて表現します。
絵の具は小指の爪ぐらいの量を入れます。
実演解説
活動について、実演しながら解説します。
棒を伝わらせて液体を注ぎます。
ジェスチャー説明
動きを交えながら解説します。
下からすくうようにして持ちます。
指差し説明
大切な部分を、指差しながら話します。
この線を見て下さい。

ヒソヒソ声
あえて小さな声で説明して、注意を引きつけます。
ここだけの話ですが・・・
ヒソヒソ
間を空ける
重要な言葉の前で、あえて長い間を空けます。
大切なことはね……
心を込めることです。
まとめなおし
伝えたいことを、一言で再確認します。長い説明の後には、簡略な流れを再度伝えることが効果的です。
ここまでの話をまとめるとこうなります。
大きな声
急に大きな声を発することで、メリハリをつけ、意識を集中させます。
これがとっても大事！

技能期の技術⑧

板書

板書のポイント

板書の重要な役割は、記録することです。話し合いや、意見で出されたことをまとめます。また、**「話し合いを促進する」**という効果もあります。

　みんなの前で議論したことを書けば、学級全体の参加意欲を引き出し、「みんなで１つのことを考えている」という一体感を生み出します。議論を「見える」ようにすることで、協働意識を高め、話し合いの質を高め、話し合いのプロセスを共有させることができるのです。

　適切な板書があることによって、全体像が一目で見渡せ、１つひとつの発言の位置付けや相互の関係が明らかになるのです。今、どこまで話が進んでいて、何を論点に話し合わなければいけないのか、話の流れやポイントが分かるようになるのです。「子どもの発想を促すものになっているだろうか」「子どもにとって見やすく分かりやすいだろうか」といった、子ども側からの視点が加わるように心がけましょう。

問題解決学習ベーシック

横書き系の教科で、問題解決学習をする際の基本形です。黒板を3つ程度に分けます。

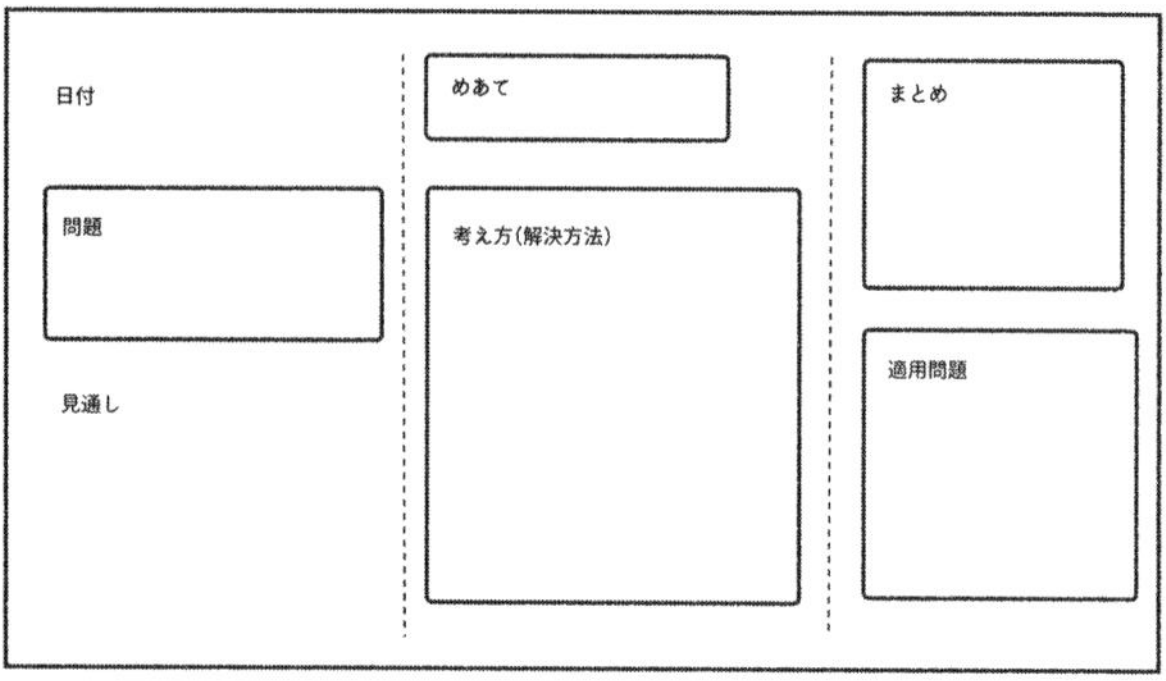

両面

Ｉつの問題について2つの解法があるときに、比べやすくなるように用います。

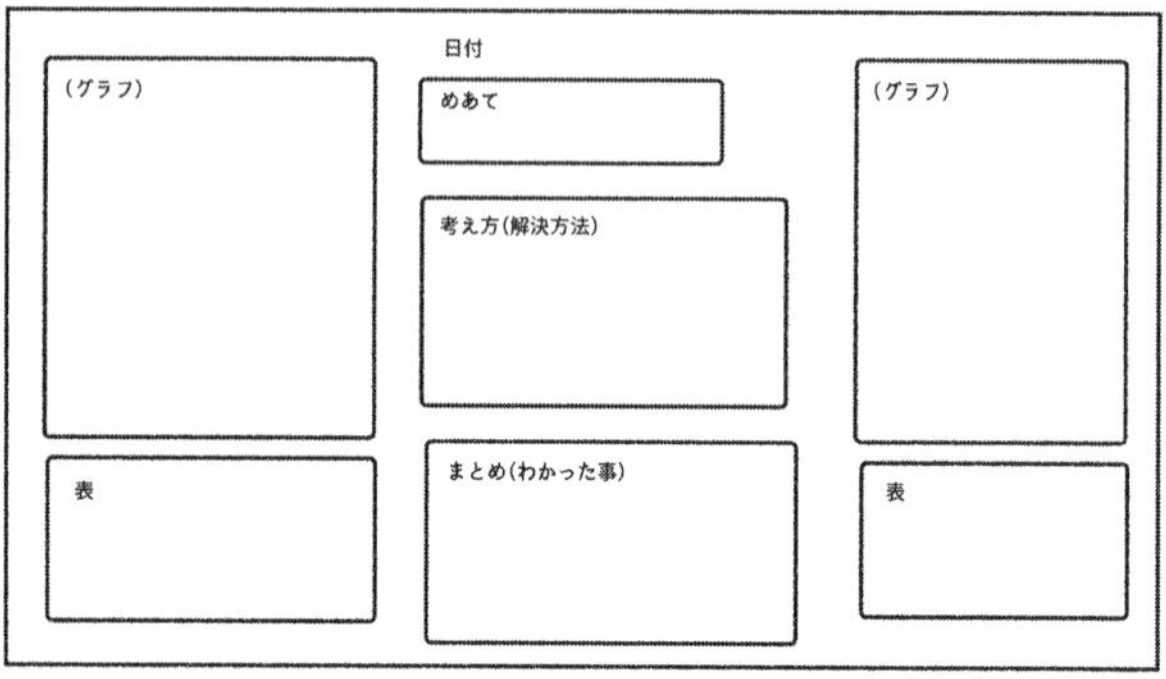

対比

上下や左右に分けて意見や考えを比べることで、ちがいを明らかにして、情報を関連付けて考える力を養います。発問によっては、3〜4つの考えを比べることもできます。

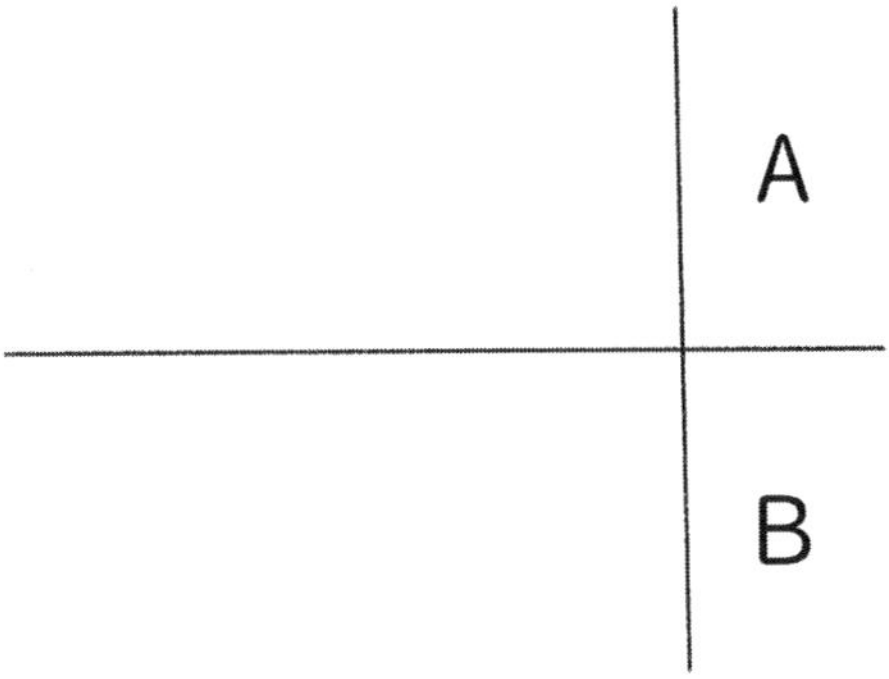

種類別

子どもたちの発言を分類し、「具体⇔抽象」の関係を思考する力を育てます。子どもたちの発言をあらかじめ予想し、カテゴリーを決めておくことで、どこからでも書き始めることができます。

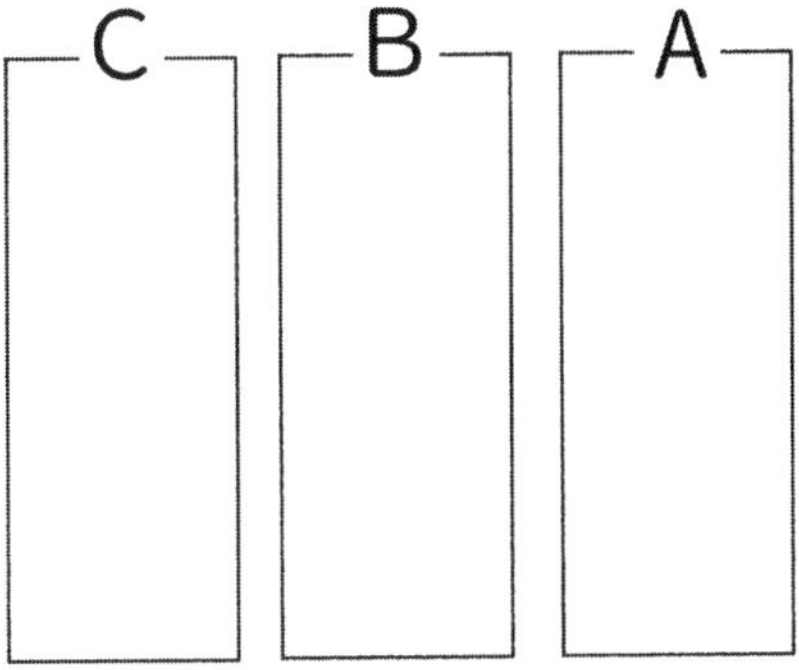

ふきだし

子どもの意見や、子どもの呟いた何気ない言葉を板書します。

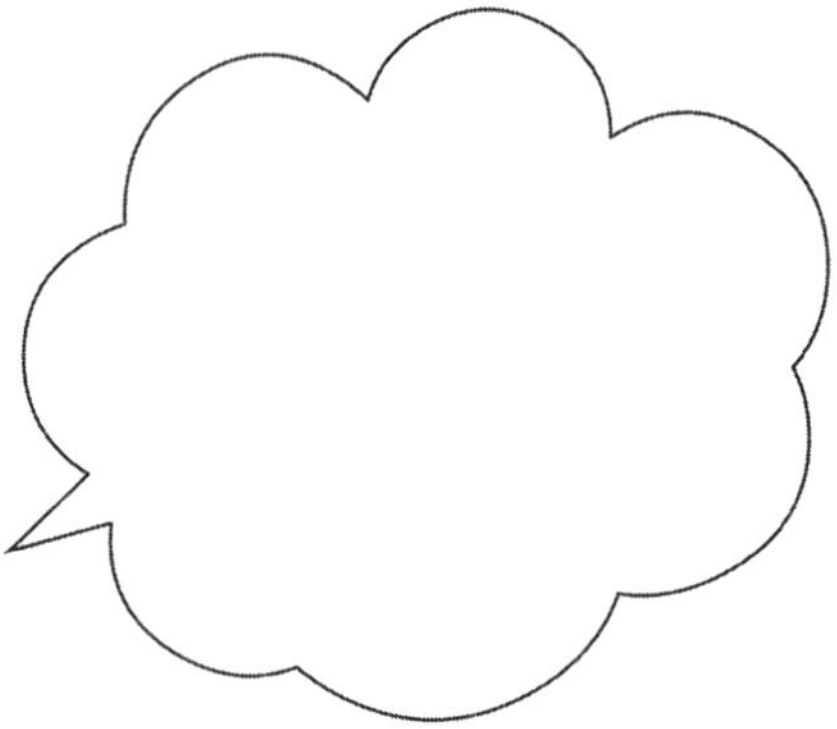

箇条書き

子どもの意見をできるだけ多く取り上げる際に用います。子どもが自分で意見を書きこむ場合は、縦書きにすると、混み合わずに書くことができます。

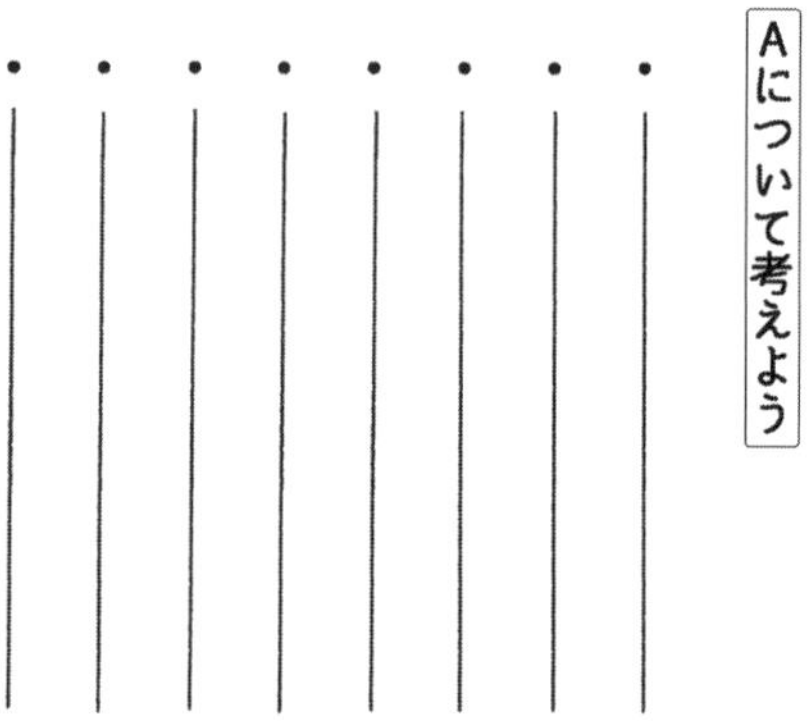

ベン図
2つの立場から考えを整理する中で、相違点や共通点を見付ける力を育てます。
真ん中の重なり合う部分に注目させる授業展開が効果的です。

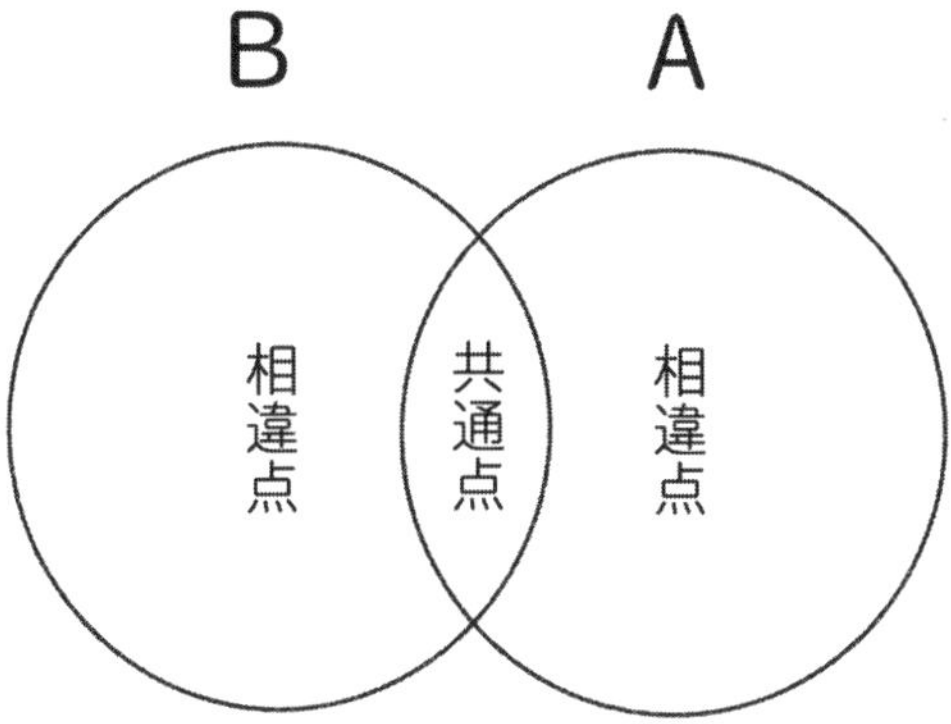

三角形
登場人物の関係性を押さえることで、文章全体を大まかに捉える力を育てます。
物語文特有の板書モデルです。簡単なイラストを添えると、子どもが喜びます。

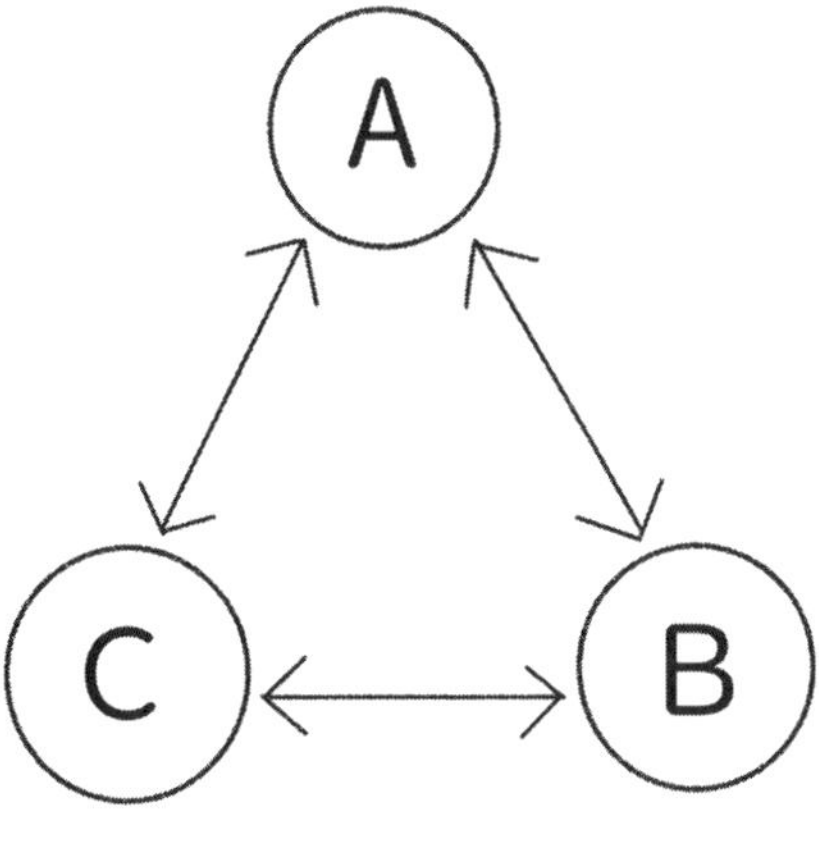

輪

循環型の構造を視覚的に訴えることで、整理された内容をもとにして類推する力を育てます。同じことが繰り返される内容が含まれるものに有効な板書です。

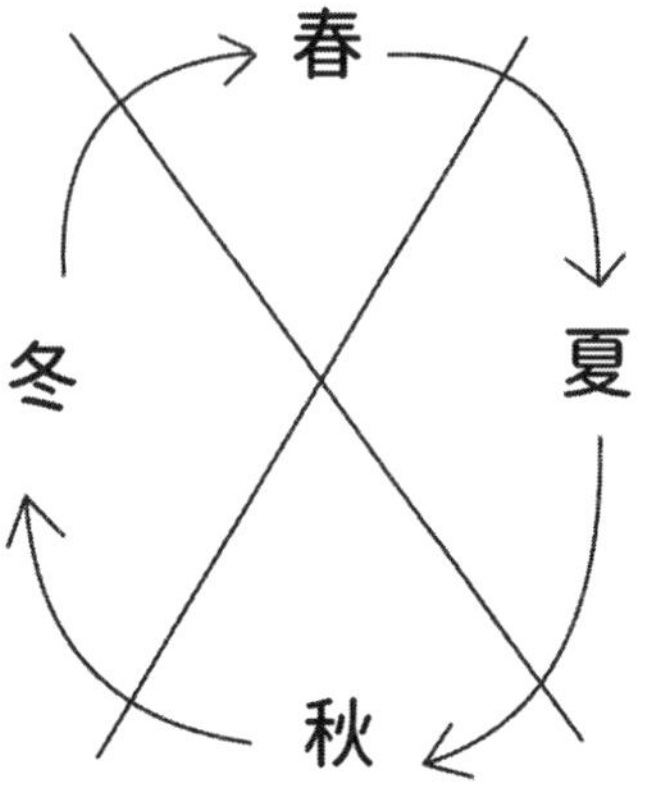

スケーリング

数値化された考えを交流することで、他者との微妙な解釈のズレを明らかにし、多様な解釈における共通性を見付ける力を育てます。ネームマグネットを貼り、自分の立ち位置を可視化するのです。

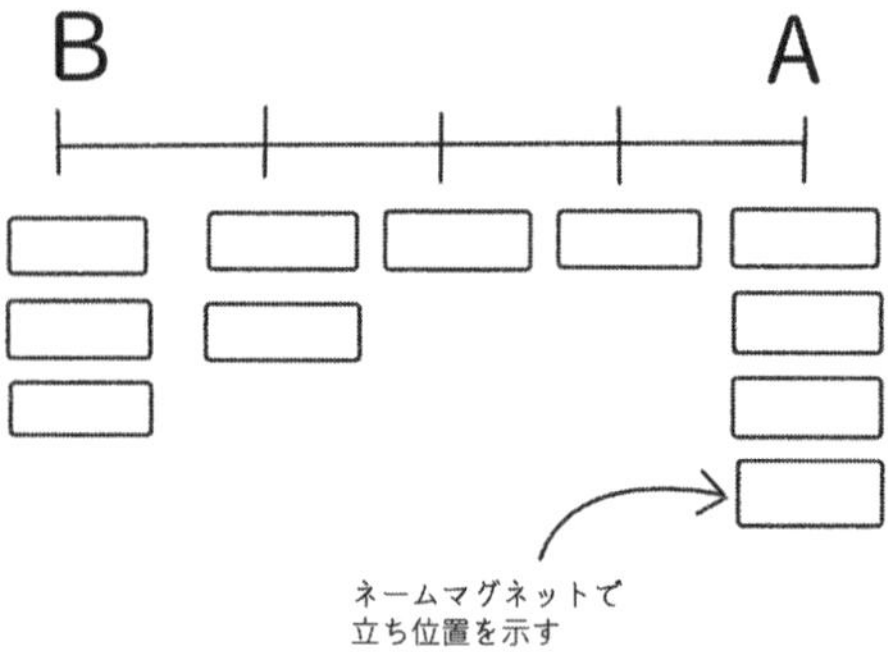

マインドマップ

ある対象に対して、イメージを膨らませるのに適しています。「〜といえば？」という発問で広げ、その後の活動のための手がかりとします。

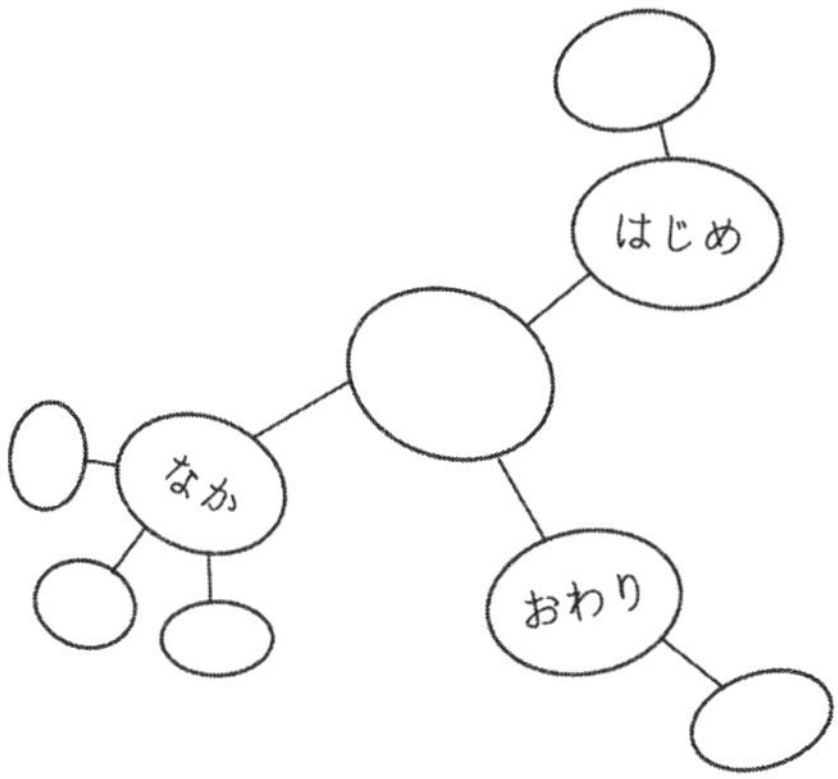

クラゲチャート

ある事柄に対して情報を収集するために使用することができます。すべてをクラゲの下につなげていき、情報を取り出していくようにします。

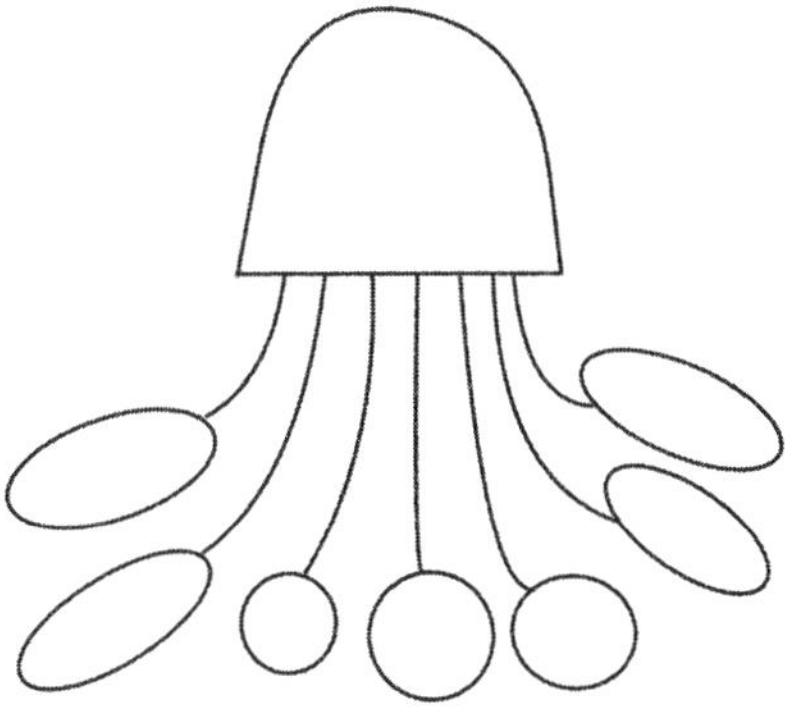

技能期の技術⑨

練習問題

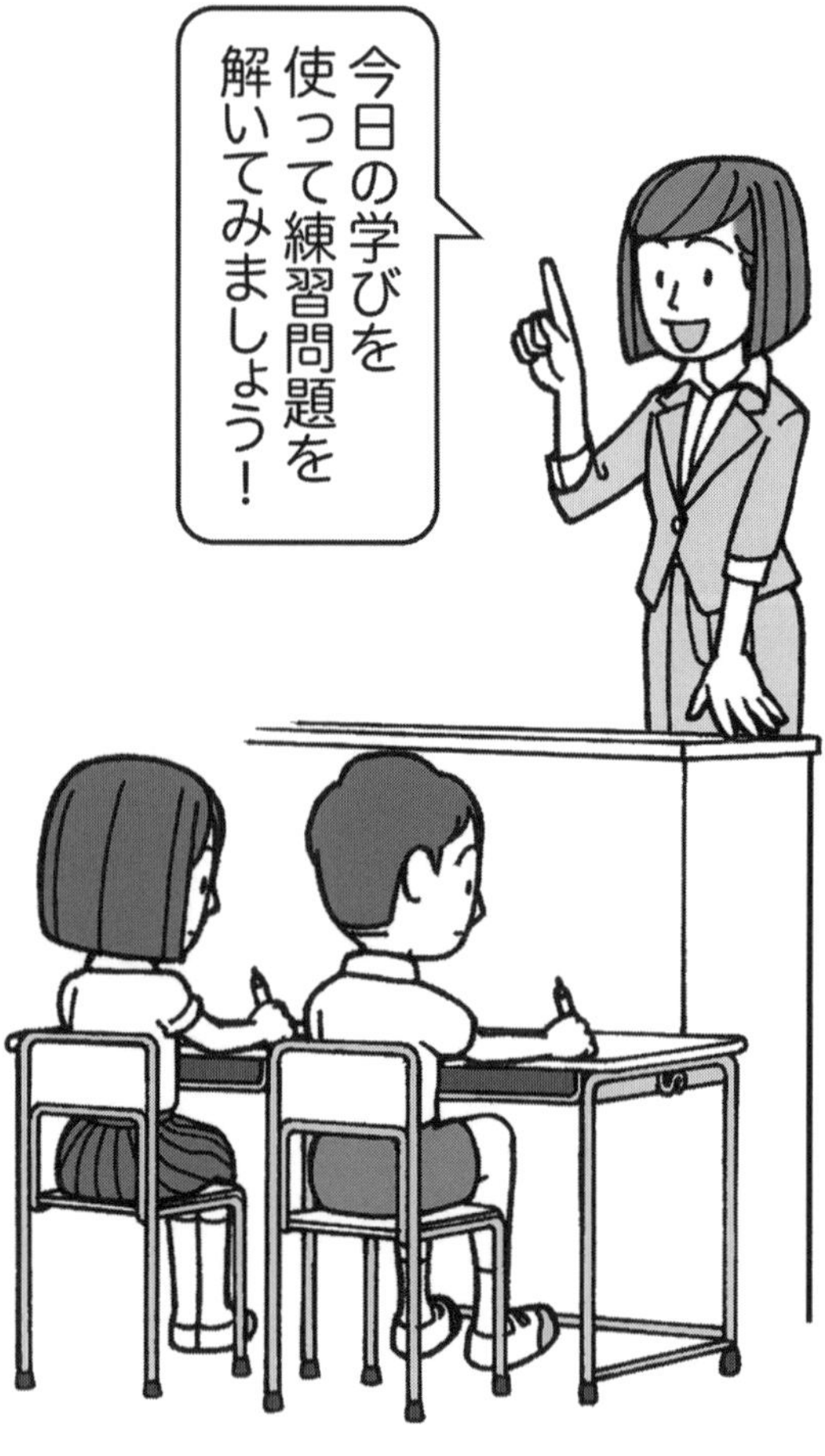
今日の学びを使って練習問題を解いてみましょう！

練習問題のポイント

授業の終末には、練習問題の時間を設けます。

授業で学んだ内容について習得できたかどうか確認するため、練習問題に取り組みます。授業内で出された考えなどを、自分なりに解釈し、まとめるために解くのです。

技能期においては、あまり多くの問題に取り組む必要はありません。

10分以内で解ける問題量にするのが望ましいところです。

解くことができなかった子どもは、今日の学びが理解できていないということになります。

そういう子どもを把握しておき、次時の授業の様子に注目するようにします。

授業時間が足りない場合は、「問題が解けた人から、ノートを提出して休み時間にします」とすれば、できなくて困っている子どもに教師がついてフォローできます。

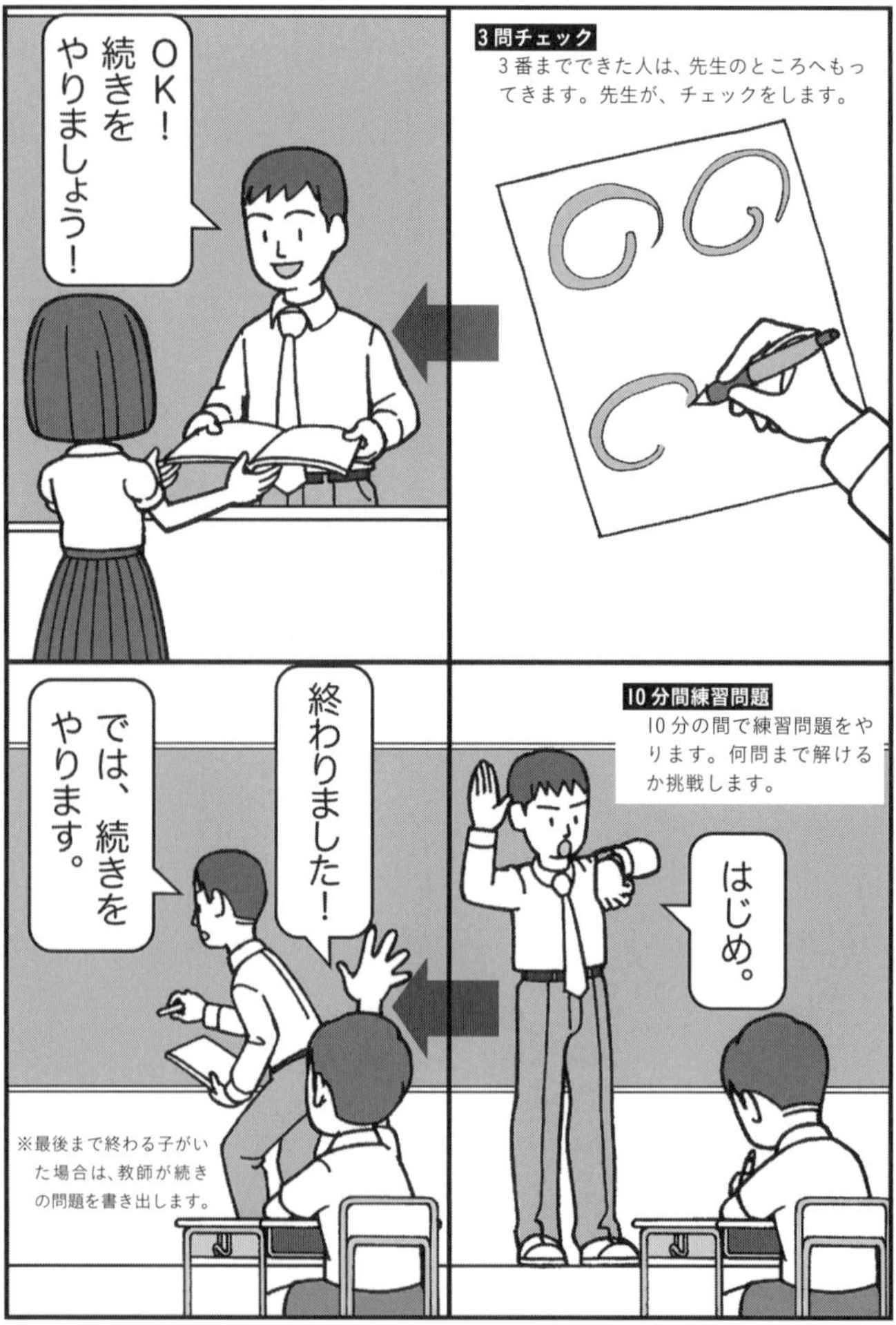
3問チェック
3番までできた人は、先生のところへもってきます。先生が、チェックをします。
OK！続きをやりましょう！
10分間練習問題
10分の間で練習問題をやります。何問まで解けるか挑戦します。
はじめ。
終わりました！
では、続きをやります。
※最後まで終わる子がいた場合は、教師が続きの問題を書き出します。

自分問題
前に書いてある問題が、全部できたら、さらに自分で問題を作って解きます。
できた！
友達問題追加方式
終わった子どもが問題を前の黒板に書きます。ほかの人は、その問題を解きます。
問題を出すよ！
友達問題相互方式
早く終わった人同士で問題をつくり、解き合います。
終わったよ。ノート交換しよう。
難しい問題を作ったよ！

技能期の技術⑩

ふりかえり

ふりかえりのポイント

授業を終えたときには、ふりかえりの時間を設けます。**1時間の授業で学べたことが何なのかをふりかえり、まとめます。この過程を、「想起練習」とするのです。**

技能期においては、この時間に大きな時間を割くことができません。できたとしても、授業終わりの3～5分程度でしょう。

このような学びのふりかえりの時間を設けることにより、子どもは自分の学び方について反省し、次時の学習へのねらいをもつようになります。

この活動を通して、学ぶことへの自己調整力が身に付いていくようにしたいところです。

教師は、子どものふりかえりを見て、学習に向き合うことができていたのかどうかを確認します。

文章化
今日の授業の学びを、文章でまとめます。

点数化
今日の自分の学びを、4点満点で表して、その理由も書きます。

表情
いくつかの顔が描かれています。今日の学びにぴったり合う顔を１つ選んで、色を塗りましょう。
今日はよくできたから（笑顔）かな。

色表現
今日の授業の満足度を、色で表します。方眼紙の１マスを正方形にして、赤鉛筆で塗ります。すごく満足できれば全部、不満があれば半分、というように塗ります。
よくわからなかったから半分かな。

技能期の技術⑪

思考ツール

思考ツールのポイント

効果的な思考力育成に欠かせないのが、シンキングツールとも呼ばれる思考ツールです。**これは、頭の中にある情報を具体的な形にして書き込むためのシンプルな図形の枠組みです。**自分の頭の中にある情報や、なんとなく形成されつつあるようなイメージを外に出すことを促し、共通理解のしやすい視覚化されたものにすることで、課題に対する個々の捉え方を他者にも自分にも分かりやすくするのです。

考えることが苦手な子どもは、頭の中がごちゃごちゃしていて、問題をどのようにして解決していけばいいのか、その手がかりが探せないでいる状態です。そのごちゃごちゃした状態のものを、思考ツールに書き出すことができるようになれば、自分の思考の具体が自分の目で確認でき、それをフィードバックすることで、思考の方法が分かってくるのです。

P.269に資料としてダウンロードできるようにしています。これをあらかじめ印刷し、教室に常備しましょう。

XYWチャート
区切られた領域に、それぞれの視点を割り当てて、対象を「多面的にみる」ときに使います。どのような視点を設定するかは、授業の意図によって異なります。視点が３つのときはY、４つのときはX、５つのときはWを用います。

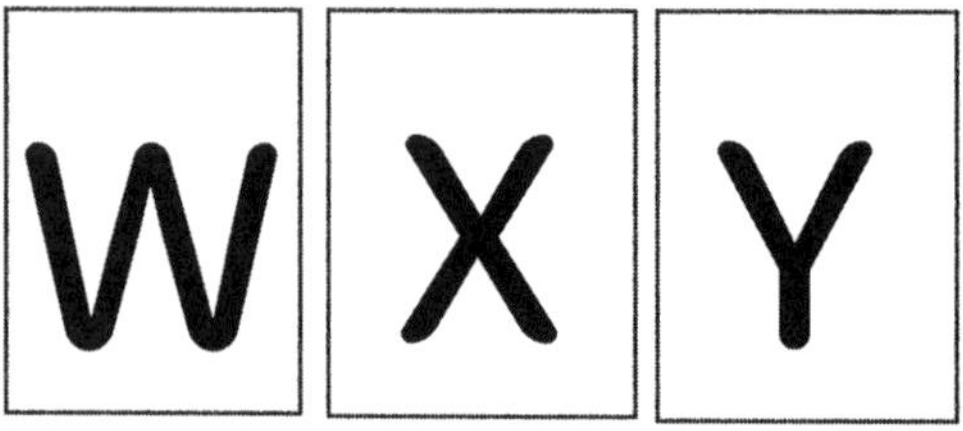

ステップチャート
意見や主張や活動を「順序立てる」ときに使います。どのような手順で行うかを明確にしたり、物事の変化を捉えたりするために、状態の推移を表すこともできます。

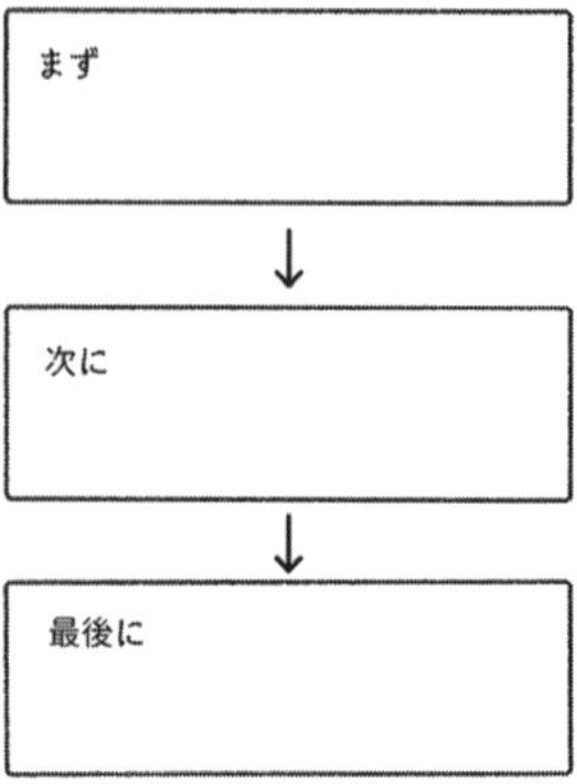

クラゲチャート

ある事柄に対して、関連付く言葉を順に並べて書いていきます。また、主張の根拠を見つけ、「理由付ける」ときにも使用できます。

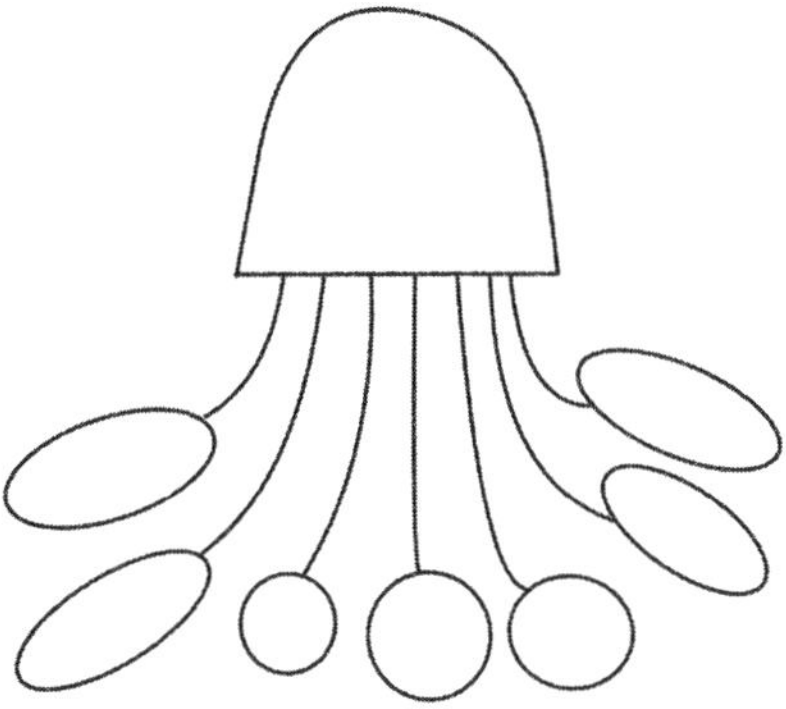

ピラミッドチャート

一番下の段に、もっている情報や意見をできるだけたくさん書き込みます。その中で、重要だと考えるものを上の段に書きます。さらに、もっとも重要と考えることのみを一番上に書きます。

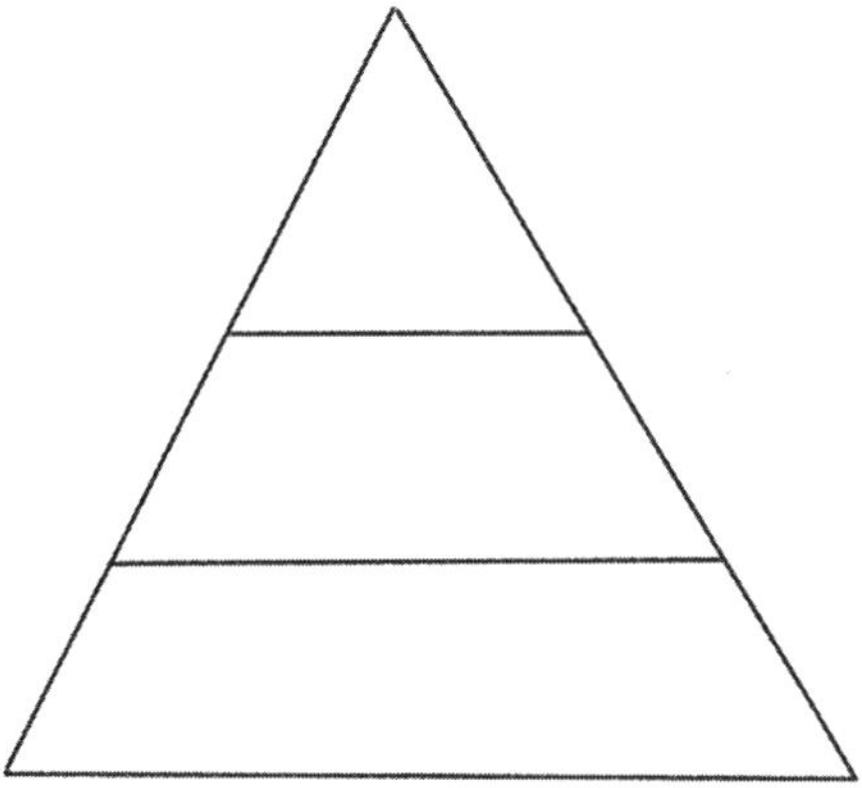

マインドマップ

考えを「広げる」ときに使います。中心にテーマをおき、それに関連するものを広げていくようにします。さらに関連するものを、2重、3重に広げていきます。

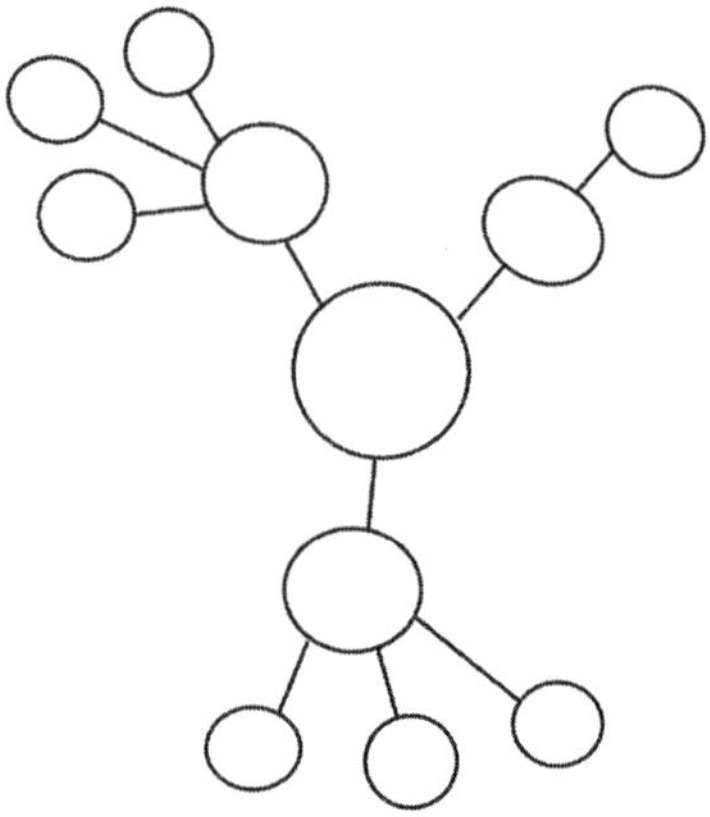

ベン図

2つのものを比較するときに使います。AとBを比較するときに、円の重なり部分に両者に共通する特徴、重なっていない部分にAだけ、あるいはBだけに見られる特徴を書きます。

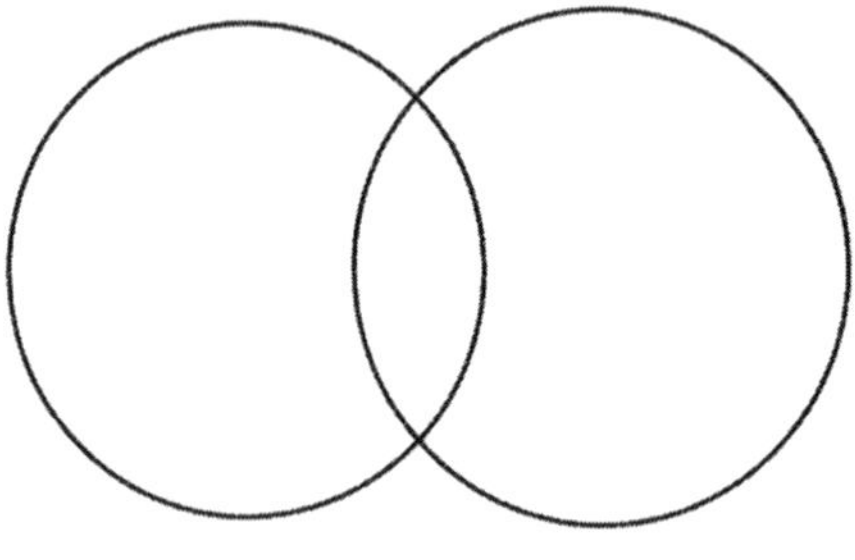

コラム　子どもを観察する

授業の中で、子どもが発表しているとき、教師はどこに注目するべきなのでしょうか。**発言している子どもは、いわゆる「陽」の部分にいるのです。**自説を述べて友達に理解してもらおうと、張り切って話しています。教師が監督したり、励ましてあげたりする必要性は、さしあたってないのです。

なんといっても、学級の中で、その子だけが1人で発言をしているのです。**十分に自己実現をし、報われていると言えます。**

では、発言者以外の子どもはどうでしょうか。

今、彼らは表舞台には立っていません。よそ見をしてもいいし、手いたずらをしてもかまいません。ぼんやりしていてもいいのです。

先生も、話し手の方ばかりを見て、僕たちの方なんて見てもいない。あの子の話が終われば、また別の誰かが手を挙げて、その子が指されて立ち上がり、また、先生に向かって何かを言い、先生はそれに感心したりして、時々『同じです』とか『賛成です』なんて言えばいい」

大体、このような思考でいるのではないでしょうか。

だから、誰かが発言をしているときは、「陰」の部分にいる聞き役の子どもたちに目を向けます。

例えば次のような点を観察し、評価し続けるということです。

- **話し手の方を向いているか。**
- **頷いたり、首を傾げたりしながら、集中して話を聞いているか。**
- **メモなどをしながら、積極的に話を聞こうとしているか。**
- **よそ見をしたり、手いたずらをしたりして、授業から離れていないか。**
- **話の内容を十分に聞き取り、理解しているか。**

こうして観察し、気付いたことをほめ、励まし、たしなめ、戒め、注意して、学級全体が参加できるようにしていくのです。このような過程を経て、ごく一部の子どもだけで授業が進むことを防げるようになります。全員参加のもとに、生き生きとした授業が展開できるようになるのです。

第3章

習熟期の授業づくり

習熟期とは

習熟期は、技能期の中で学んだ知識・技能を完全に習得できるようになることをねらいとしています。

友達と協力して、基本問題を解いたり、基本的な技能の練習に取り組んだりします。グループ内で、お互いが「足場掛け」となるのです。

2〜3日にわたり、間隔を空けて学習をすすめていきます。これが「間隔練習」となります。

習熟期では、多くの練習問題や課題に取り組みます。国語や算数、理科、社会の教科であれば、プリント学習が基本になります。

様々なパターンの練習問題を用意しておくようにします。実技教科は、技能習得のための練習をします。

これが、「多様練習」になるのです。

様々な問題を解く中で、子どもは「失敗」や「間違い」を経験します。

これが大切です。

間違うことによって、「何が分かっていないか」が分かるようになります。技能期に学んだことを思い出させ、「想起練習」とするのです。

課題を終えた子どもには、間違えた部分を重点的に学んでいくように促します。

習熟期の初めには、子ども同士の協働学習を取り入れます。

ほとんどの子どもが、友達の援助を受けてできるようになっていきます。

ここで、「教えられてばかりの子どもは、かわいそうではないか？」という疑問があがるかもしれません。

でも、そもそも授業では、できないことを扱うのが前提です。できなくて当たり前なのです。分からないことを「恥ずかしいこと」と捉えさせてしまっているのは、周囲がそう考えていることに原因のある場合が多いのです。

「自分1人でできること」ではなく、「今は1人ではできないけれども、明日には1人でできるようになれること」の価値に着目させていくことが大切です。

習熟期の授業実施にあたっては、授業の目的とあり方を、子どもたちへ伝えておく必要があると言えるでしょう。

ただし、子ども同士の協働学習ばかりをしていると、「友達の援助を得てもできない子ども」が出てきます。

できない子どもは、友達の答えを見て写していることがあります。

教師は、誰が理解できていないのかを、よく見とることが必要です。

できない子がいるならば、そこが教師の出番です。

子ども同士の援助を得てもできない子どもを、教師が支援します。

教師の個別支援において、「できる」ようになることを保障します。

このようにして、習熟期に十分な時間を設けます。

習熟期にしっかりと取り組むことにより、子どもの学力は相当に高まります。

なぜなら、単元の中に習熟期を設けることで、従来型学習よりも約10倍以上多い問題量を解くことになるからです。

テスト内容にあたる部分を、多様に学んでいます。

既にたくさんの間違いパターンを経験してきているので、市販のテスト程度の問題であれば、簡単に100点がとれるようになっているのです。

なお、児童用タブレットなどのICT環境が整っていれば、この習熟期において有効に活用します。AIが未習得の領域を洗い出してくれるので、その部分を重点的に学んでいき、「知識・技能」の習得をねらいます。

「技能期」で学んだことを、「習熟期」で繰り返してできるようにする。

この2段階を併せて「習得」の段階であるとまとめることができます。

習熟期の技術①

マグネット学習

マグネット学習のポイント

課題を達成したらマグネットを動かす学習方法です。自分が今どの段階にいるかを、マグネットのネームプレートで示します。これによって、お互いに援助しやすい環境を作り出します。

問題を解決するのに４つの方法が考えられると予想した場合には、その４つの方法を明示し、ネームプレートを貼ることによって、誰がどの方法で取り組んでいるのかが分かり、同じことを取り組んでいる友達に今の状況を尋ねたり、ほかの取り組みをしている友達にそちらの考え方がどうなのかと尋ねたりすることができるのです。

ネームプレートでもいいし、オリジナルのマスコットキャラのマグネット（紙に描いてラミネートで作成）を作るのもよいでしょう。

班やグループのマグネットは、円形のマグネットの表面に「１」とか「２」とかの番号を書けば完成です。

個人マグネット
個人で、課題に取り組みます。できるようになったらマグネットを移動させます。
できた！
チャレンジ中
できた人
ここはくりあがりだよ。
段階別マグネット
3段階でマグネットを移動させます。
解けた
できた！
考え方も書けた！
考え方も書けた
教えられ

班マグネット
班で活動を進めます。班全員が課題を達成できたら、班のマグネットを移動させ、次の活動をします。

できた！

ここはこうやるんだよ。

よーし、班全員できたぞ！
①
②
③
④
班段階マグネット
班で活動を進めます。黒板に、活動の順番や番号を書いていきます。班全員ができたら、マグネットを進めます。

ここはこうだよ。

班全員できた！

次のステップに挑戦だ！
①
②
③
④

習熟期の技術②

帽子学習

帽子学習のポイント

「マグネット学習」の、帽子版です。

課された課題に対して、できるようになったら帽子を裏返すなどして、達成の度合いを明らかにします。

学級全員が赤帽になることを促します。マグネットとちがい、黒板の所へ移動しなくても座ったまま表明できるのがよいところです。

ただ、教室で帽子をかぶることには、少しばかりの恥ずかしさがありますので、低〜中学年あたりにおいて特に有効な実践と言えます。黄色帽子など、色が一色の場合は、「できるようになったら脱ぐ」というように実践するとよいでしょう。

体育の時間でも用いやすい手立てです。例えば、「馬跳びができたら赤帽にする」などとすれば、課題の達成度合いが一目で分かります。また、できる子ができない子を教えることができ、教え合いの手立てとなるのです。

個人帽子
自分１人ができるようになったら、帽子を赤色に変えます。

できた！

ここは「く」から始まる言葉だよ。

「くき」だ！

段階帽子
１つの課題ができたら帽子を赤色にして、もう１つの課題ができたら、帽子を脱ぎます。

できた！

考え方も書けた！

ここの解き方はね、

班帽子
自分1人ができるようになったら、帽子を赤い色に変えます。友達に考えを説明できるようになったら、帽子を取ります。

できた！

こうするといいんだよ。

全員できました！

班段階帽子
班全員が1つの課題を達成したら帽子を赤色にして、もう1つの課題を達成したら、帽子を脱ぎます。

全員一つ目の課題ができた！

2つ目の課題はどうやればいいのかな？

2つ目の課題もできたぞ！

習熟期の技術③

追究学習

追究学習のポイント

個人で、それぞれの到達できるところまで追究して学ぶ学習方法です。多くの量の問題を解き、学習に慣れていきます。教科書やプリント学習などを通して、数をこなし、習熟を深めていきます。プリントの場合はB５サイズのプリントを８種類ほど用意します。１時間を通して、自分のペースで、できるところまで解き続けるようにします。早くプリントを達成できた場合は、２周目、３周目と取り組んでいきます。そのため、プリントは学級の人数よりもやや多く印刷しておくのがよいでしょう。1.5倍程度が目安です。

子どもによっては、間違いを繰り返してしまう恐れがあります。「〇番ができたら持ってくる」というようにして、所々で教師が確認を入れるようにするのもよいでしょう。また、学力の差に開きがある場合には、進度にも差が出過ぎてしまいます。問題を解くことに関して、学級全体が安定してきた頃に行うのが適しています。多くの問題を解くことで、子どもたちの「潜在記憶」の領域にまで落としこめるようにしましょう。

個人追究学習
自分１人でできるようになったら、黒板の所へ行き、答え合わせをして次のプリントに取り組みます。

できた！

よし、全問正解！

次のプリントをするぞ！

班追究学習
班で問題を解きます。全員ができたら、班で答え合わせをして、次のプリントに取り組みます。

わかった？

みんな終わったから答え合わせをしよう！

次のプリントに進むよ！代表して取ってくるね。

後方黒板で解答確認
前の黒板に問題を書いています。黒板の後ろに、答えが書いてあります。答えがでたら、後ろを振り向いて確認します。
①48 +17 ②23 +19 ⑦42 +59 ⑧18 +34
③54 +18 ④37 +15 ⑨28 ⑩11 +24
⑤91 + 8 ⑥12 + 9 25 +15
⑥までできた！
①65 ②42 ③72 ④52 ⑤99 ⑥21
⑦101 ⑧52 ⑨89 ⑩35 ⑪101 ⑫40
教科書問題再チャレンジ
教科書で取り組んだ問題を、もう一度はじめから解きなおします。班の人と協力して、1問ずつ確認します。既に解いた問題なので、答えはノートにあり、分からなければ、教卓にある教科書を確認します。
③がわからない。ああ、そうか！

習熟期の技術④

習熟度別班学習

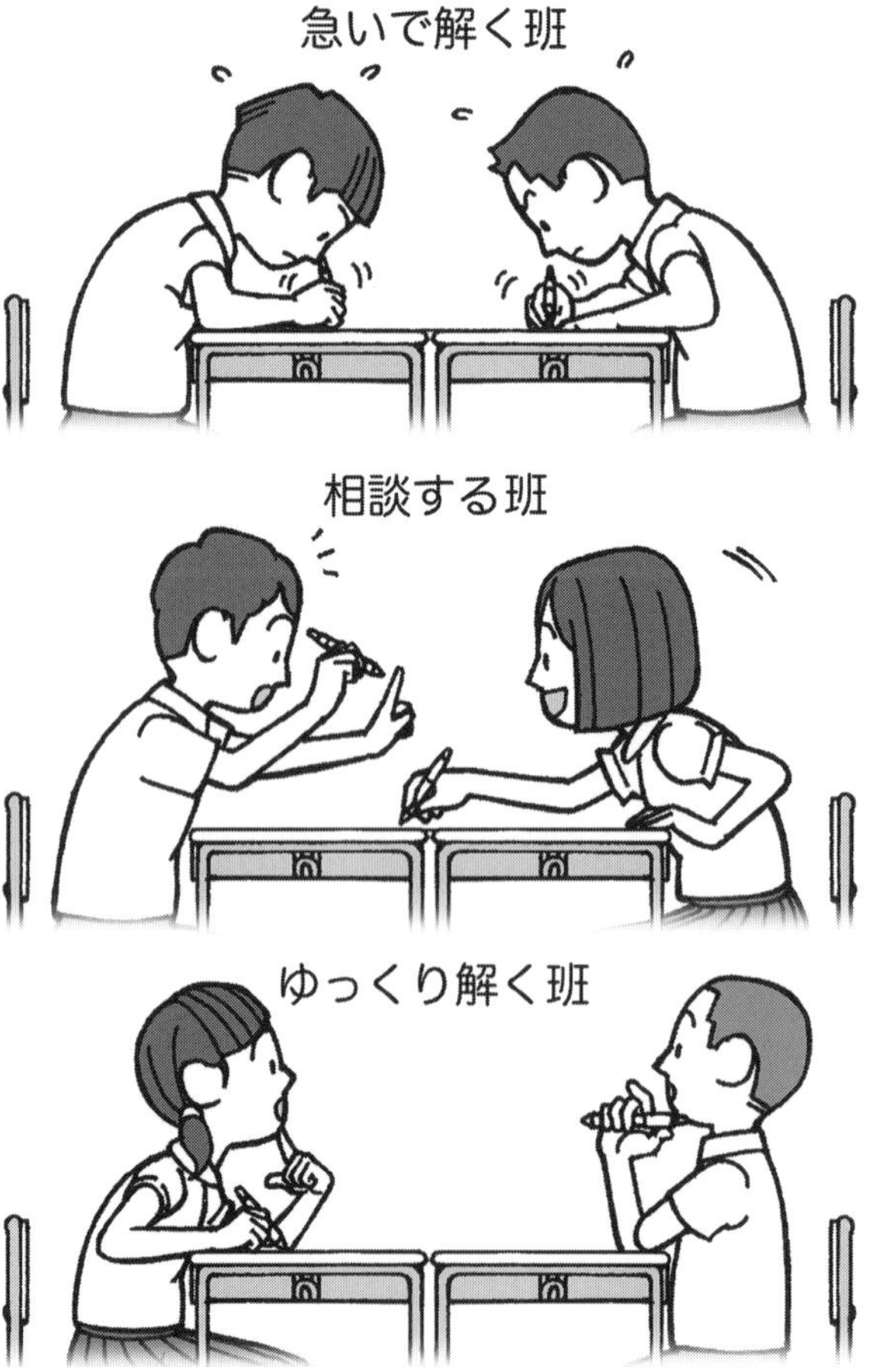

習熟度別班学習のポイント

学習の習熟度に分かれて学習をします。クラスを二分割して習熟度別に分ける方法もありますが、ここでは**自分の学習の速さや、課題・めあての内容にあわせて、それぞれグループに分かれて学習をする方法**を取り上げます。

自分に合った速さや課題内容なので、個々の意識に応じて習熟を深めることに役立ちます。

大切なのは、「どこの場に分かれたとしても、優劣はない」と確認することです。問題を解くことが速くても、間違うことがあります。遅くても、正確に解けている子どももいます。

あくまでも、自分自身の速さや課題に合った場で学習しているに過ぎないのです。ややもすれば、「友達と同じところに行こう」とする子どもがいるので、学習の目的についてよく押さえたうえで学習に取り組むことが必要です。

速度別学習

速さ別に分かれて活動をします。解くのが速い人は１号車、ゆっくり解きたい人は４号車に移動します。イスが足りない場合は、近くの人のものを借ります。

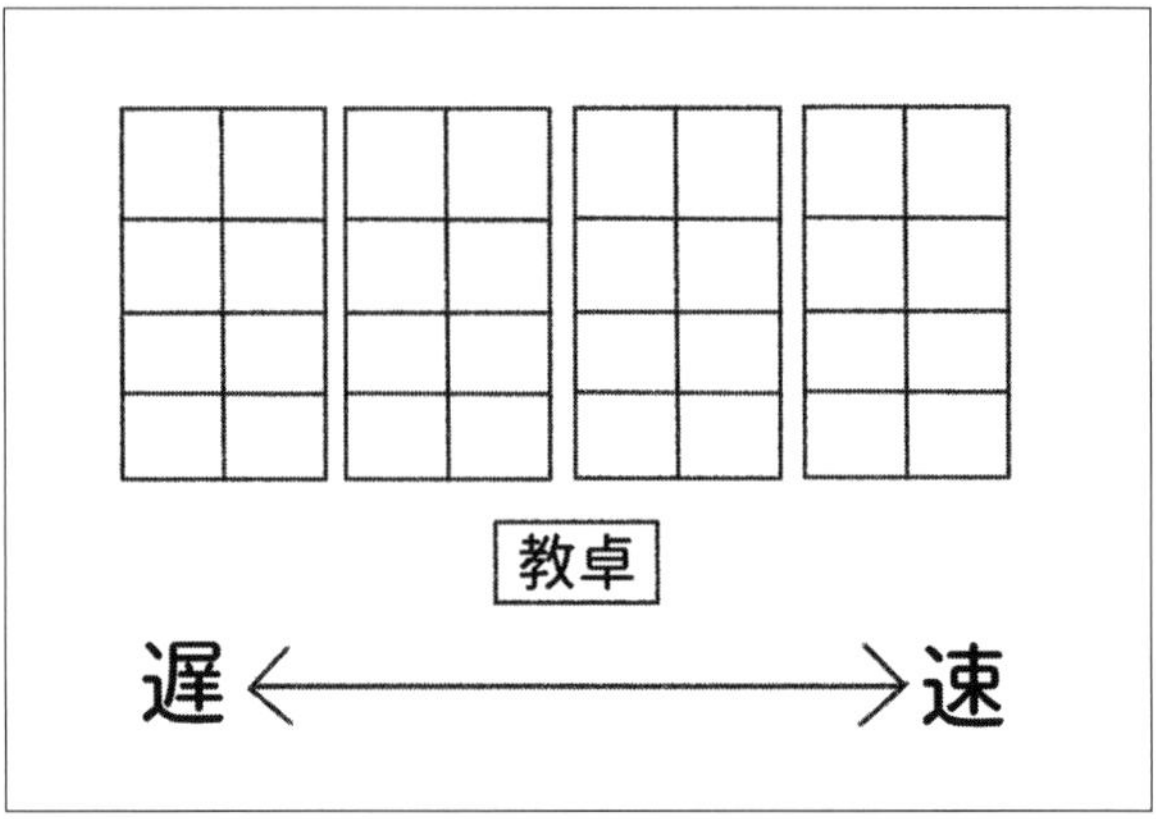

難易度別学習

号車ごとに、問題の難易度が異なります。簡単なものから、易しいものまで、レベル別に４種類用意します。その号車が全員理解できるように教え合います。

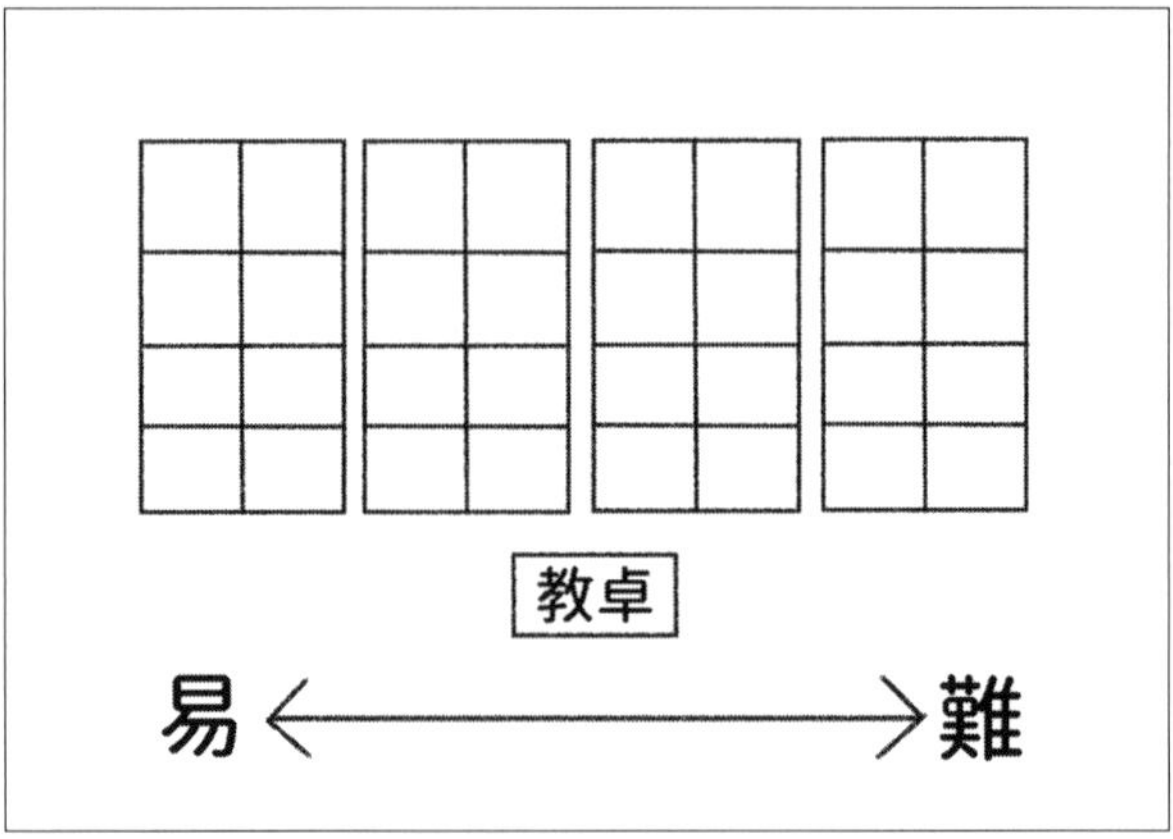

課題別学習

課題別に分かれて学習をします。号車ごとに、苦手な分野について勉強します。体育などの実技教科では、動きの課題について教え合って勉強することができます。

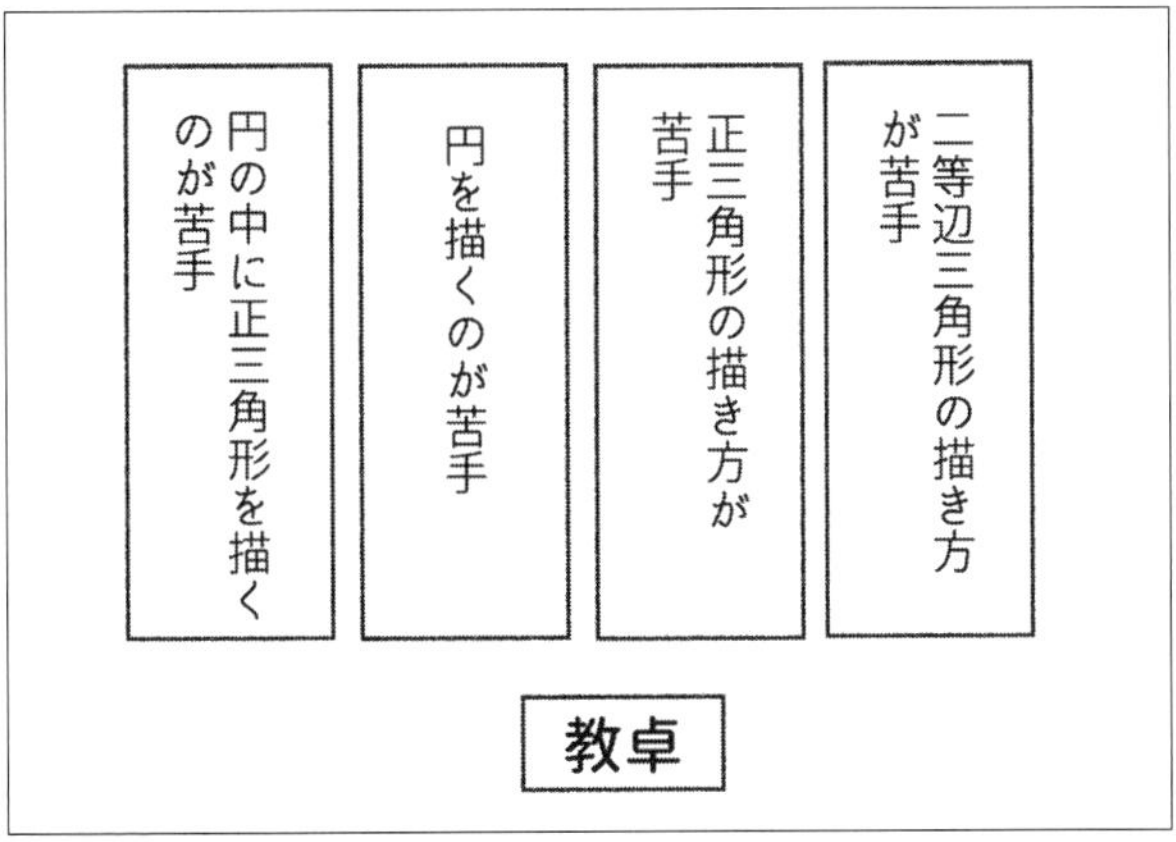

めあて別学習

個人のめあて別に分かれて学習をします。めあての学習にあった活動のところで勉強します。

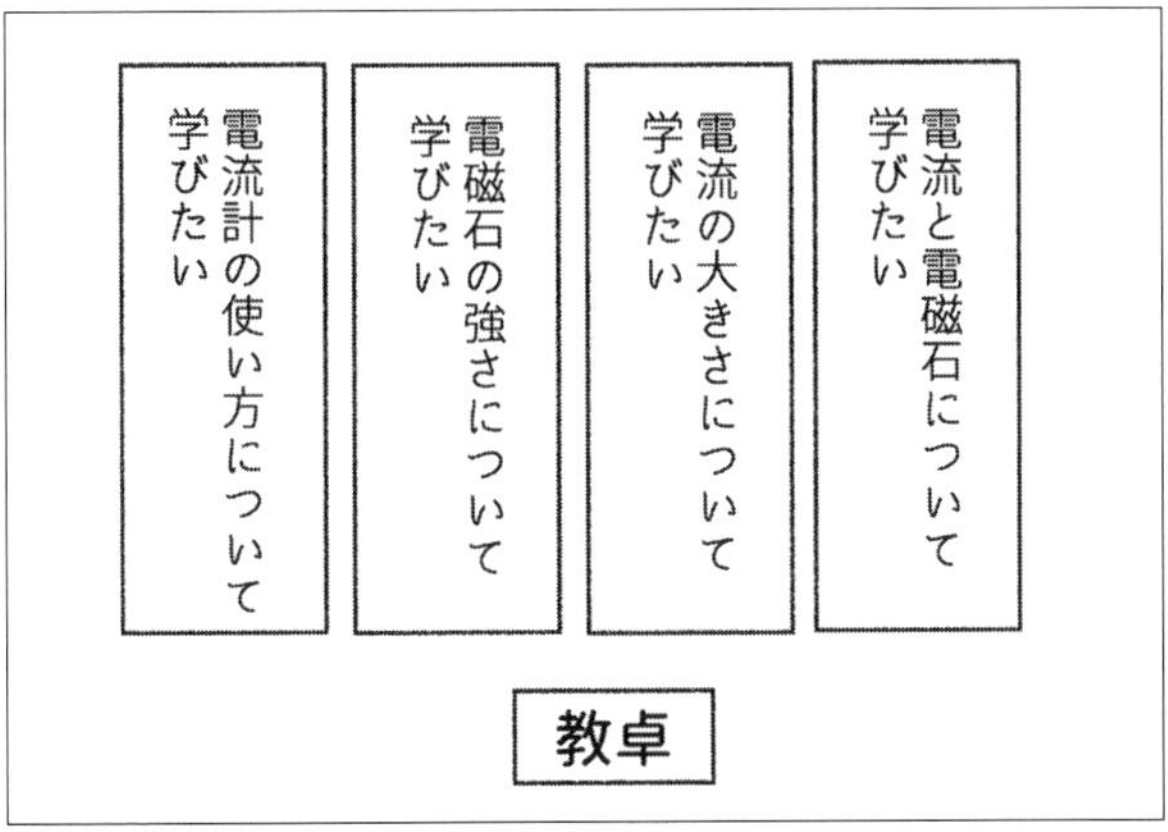

習熟期の技術⑤

小テスト×自習

小テスト×自習のポイント

前半に小テストを行い、教師が採点をする学習法です。テストを終えた子どもは、自分の苦手なところを練習します。

小テストは、解くことができた児童から教師のところに並び、採点を受けます。すべての児童の解答を教師が採点することにより、全員の理解度が明らかになります。習熟学習では、「誰がどの程度理解できているか」が分かりにくいのですが、この過程を設けると把握できるようになります。

テスト内容は、「プレテスト」に相当します。市販テストに付属している場合は、それを使用します。ない場合は、本番のテストと類似する問題を扱うプリントを準備します。

習熟期の最後の時間に行うことが適しています。この時間をもって、「知識・技能の最終チェック」の時間とするのです。この時間でもできていない児童は、休み時間などに個別応対の時間を設け、できるようになるまで見る必要があると言えます。

個人テスト学習
小テストプリントができたら、教師のところへ見せに行きます。やり直しを終えたら、残りの時間で自分の苦手なところを勉強します。

できました!

OK! あとは苦手なところを学習しましょう。

室町時代の文化についてもう一度復習しておこう!

班先生テスト学習…教科書を使い、班で学習をします。その後、教卓のところで、先生から一人一問テストを受けます。全員が正解できたら合格です。不合格だと、もう一度班で勉強します。合格できた班は、自分たちで問題を出し合って学習します。

植物の発芽条件は?

水と温度と土?

ブー
勉強して再チャレンジしよう!

班小テスト学習
班で百点がとれるよう、十分に学びます。自信がついたら小テストを取り、テストを受けます。終わったら先生のところへ行き、採点してもらいます。

ここ、一本足りないよ。

あ、そうか！

よーし、小テストにチャレンジだ！

完全テスト学習
そのプリントで百点になるまで、繰り返し同じプリントを解き続けます。百点が取れた後は、自分の苦手なところを勉強します。

ここ、間違えてるよ。もう一回。

今度こそ間違えないようにしよう！

習熟期の技術⑥

個別の支援

個別の支援のポイント

習熟期に教師が意識すべきことは、「できない子どもをフォローすること」です。**求めている技能レベルに達していない子どもに寄り添い、一定の技能レベルまで押し上げます。**

まず、教師は学級全体の動きをよく見ます。教室全体を巡回しながら、個々の進度を確認します。

このとき、間違いのある子どもや、鉛筆が止まっている子どもの側につき、フォローします。ただし、子どもが「一人でやってみたい」と言う場合は、その場を離れ、見守るようにします。

一人ひとりを個別にじっくり見ていきたいところですが、学級全体にフォローの手を加えていかなくてはなりません。

ヒントを与え、理解できたところでその場を離れるようにして、次々に子どもを見ていきます。そして、時間が経過したところで進捗状況を確認し、適宜支援を継続していきます。

具体物をみせる
具体的な物で可視化できるようにします。
5つからひとつとるとのこりは？
4！
赤鉛筆で書く
赤鉛筆で、薄く補助します。
ここに線をひくよ。
一緒に取り組む
一緒に活動に取り組み、適切に援助します。
一緒に解いてみよう。
図解してみせる
図で表し、手順を確認します。
この順でやるんだよ。

途中までやる
先に赤鉛筆で途中までの言葉や式を書きます。
はじめはひとマスあけて書く。続きを書いてごらん。
先にやってみせる
先に問題を解いてみせて、それを見えないように消します。
今やったように解いてみましょう。
表を渡す
九九表などを渡すようにします。
ローマ字忘れちゃった。
表を見て思い出しましょう。
問題を少なくする
ほかの子どもよりも少ない問題数でよいことにします。
3番までがんばってみよう！
①
②
③
④
⑤

問いかける

「〜するとどうなる？」「〜の次は、どうするのだったかな？」というように、解法を思い出すように促します。

ヒントカードを与える

問題を解くためのヒントになる情報をカードにまとめておき、これを配ります。

コメント

サッと一言、ノートにコメントを書き残しておきます。

花丸

成功することができたとき、花丸をすると、達成感が増します。

コラム　学習と食事量の関係性

よい授業ができるクラス、生き生きと学びに向かっているクラスは、１つの変化が起こっています。

それは、「たくさん給食を食べるようになる」ということです。

私たちの脳は、体重のおよそ２％の重さがあります。たったそれだけの重さにもかかわらず、脳で使われるエネルギーは体全体の20％もあるのです。つまり脳は、体の他の部分の10倍のエネルギーを使っていると言うことができるのです。

脳で使われるエネルギー源はブドウ糖だけです。

他の体の細胞のようにいろんな成分を燃料として使うと、燃えかすとして細胞に負担がかかる物質ができてしまいます。でも、グルコースを燃焼させると水と二酸化炭素しかできません。他のものは一切できません。とてもクリーンなエネルギー源なのです。

なぜ頭を使うとお腹が減るのかと言うと、脳の中に血が巡り、このグルコースの濃度を感知しているからです。

頭を使うとグルコースが減っていきます。

もしも極端に低下してしまうと、脳の神経細胞はエネルギー不足でどんどん死んでしまい、危険な状態になります。

このようなことにならないように、グルコース濃度がある程度下がってくると、空腹感というSOS信号が出されるのです。脳を守るための仕組みが働いているということができます。

だから、よく学ぶことのできるクラスはお腹がすいて、給食をよく食べるのです。

気を付けないといけないのが、そういうクラスを見て「たくさん食べさせるのがよいクラスだ」と勘違いして、子どもへたくさん食べさせようと必死になってしまう教師がいます。

でも、そうではないのです。

教師は、お腹が空くぐらいのよい授業ができるように心がけるべきだと言えるでしょう。

第4章 活用期の授業づくり

活用期とは

活用期とは「子どもが思考や表現の方法を活用して課題を解決し、その結果を個性的に表現する課題解決的な教科学習」を示しています。

ねらいは、その教科で習得した「知識・技能」を活用させることにあります。習得（技能期・習熟期）で学んだ知識・技能を用いて、多様な学習に取り組んでいきます。

そうすることにより「知識・技能」が関連付いて概念化され、「しっかり」したものになるとイメージすることができます。また、身体や体験などとつながり、一つひとつが「はっきり」します。あるいは、多様な視点から捉え直され、「くっきり」するなど、好ましい感覚の獲得が考えられます。

活用期で大切なことは、課題解決的な単元を作ることであり、その中で核になる活動を一つ

決めることです。

ここでいう学習課題とは、毎時間設定される小さな課題ではなく、単元を通して解決を目指す大きな課題となります。

核になる活動では、学習課題の解決のため、子どもたちは思考・判断・表現に関わる活動を集中して行うことになります。

多くの単元では、スピーチや作品の発表、実演や実技といった表現活動がその中心となります。なぜなら、課題解決的な学習では、子どもたちが思考したり判断したりしたことを表現することによって、最終的に課題の解決した成果が得られるからです。

逆に言えば、「思考しただけ・判断しただけ」で授業を終わらせてしまっては、課題解決的な学習にならないのです。核になる活動で表現を行うことで、思考・判断したことを確かなものに練り上げたりすることができ、これが深い学びへとつながっていくのです。

子どもにこのような主体的で協働的な問題解決や創作表現をしっかりと行わせるために、単元レベルでの時間設定と課題解決的な授業構成が必要になります。

教科特性によって時数は異なります。算数では2~3時間程度、社会や理科では3~7時間程度、そして国語や音楽では10時間程度の単元を構成する必要があります。

まずは、学習課題について考えます。

子どもにとって学習が魅力的であることが必要です。

次の7つのポイントを押さえて、学習課題を設定しましょう。

①意外性やひねりを入れて子どもの興味を引きつける

例「~の理由を考えよう」

②「なぜ?」を問いかけ、理由や根拠をつけて考えさせる

例「なぜ、~なのだろう?」

③考える課題から、説明する課題へ発展させる

例「~になったわけを説明しよう」

④比較して分かることを考えさせる

例「図を見比べて、～のわけを説明しよう」

⑤興味深い操作活動や体験活動を組み入れる

例「～を用いて、～をしよう。」

⑥作品制作のイメージをもたせる

例「～を描いて、～を制作しよう」

⑦活用型の学習課題にする。

例「～を活用して、～を制作しよう」

逆に、このような課題は、設定するべきではありません。

①単元名そのまま

「アメリカ合衆国について」

②活動そのまま

「～について知ろう」

③学習内容そのまま
「～を調べよう」
④問題文そのまま
「例題を解いてみよう」


活用期の段階では、「活用」させなくてはなりません。

つまり、**課題や技能「そのまま」ではダメなのです。**

「間接的」にすることがポイントです。

例えば「文章の構成力」を活用させたいのであれば、「とっておきの冒険物語をつくろう！」というようにします。

栄養について考えさせたいなら、「家族が満足するような、栄養満点のお弁当づくりをしよう！」というようにするのです。

「よい文章を書こう」とか、「栄養を考えよう」ではないのです。

何かしらの活動があって、その活動のために知識・技能を用いるというイメージです。

このような学習を経ることにより、実際の活用場面などとつながり、いつでもどこでも自在に使える汎用性の高い資質能力として育成されます。

ここからは、各教科の活用学習について解説します。

例を参考にして、各単元の活用学習を設定してみましょう。

国語の活用学習

国語で書くことに関わる核になる活動は、「説明文を書く」、「物語文を書く」、「随筆を書く」という、作品を創作し表現する活動になります。

次に、**話すこと・聞くことに関わる核になる活動は、スピーチ、学級討論会、ディベート等の表現活動になります。**

ただし、読むことに関わる核になる活動は、設定がやや難しくなります。

なぜなら、教科書の作品や関連作品を、段落を追ってメリハリなく読み続ける活動は、課題解決の中心に置くことができないからです。

そのため、**「読む活動そのもの」ではなく、「それを深めるための派生的な活動」を核になるものとして設定する方が効果的です。**例えば、主人公の気持ちの変化を読み取って朗読会をしたり、登場人物の心情を読み取って新主人公への手紙を書かせたり、描写されていない時間帯の物語を書かせたりすることにより、登場人物の心情変化を捉えさせることができるでしょう。

●物語文、詩、俳句・短歌、説明文、意見文、随筆、社説の創作
●討論会、パネルディスカッション、群読や音読発表会などの伝え合う活動
●本の帯、紹介文、感想文、絵本の創作
●スクープ記事の表彰

算数の活用学習

問題の解法を説明したり、立体モデルを作って課題解決の正しさを証明したり、問題を作って解き合い、正しい解法を発表したりすることを核になる活動として単元に位置付けることができます。

また、活用期の学習に取り組むことにより、活用問題を解く力が付きます。学力調査のB問題は、身に付けた知識を活用して新規の課題を解決することが求められるため、授業で重要な一形態である「活用を図る学習活動」を行うことが効果的なのです。

学習のレベルを通常の授業レベルよりも高く設定します。学力の低い子どもの問いを積極的に取り組んでいき、全員の学びが成立するように心がけます。

「表とグラフ」の単元では、「体育のケガの人数をまとめる」など、他教科の課題解決にも活用することができます。

●活用問題の解決（論証、説明、討論）
●実生活や他教科のなかの課題解決（建物の高さの測定、枚数や本数の推定など）
●データを活用した考察
●算数絵本・算数新聞・算数レポートの作成と発表

理科の活用学習

理科では、実験や観察、調査活動そのものではなく、仮説検証のための話し合いやレポート作成を核になる活動として単元に位置づけましょう。そうすることにより、実験や観察が単なる体験活動や実習活動にとどまることなく、仮説検証力などの資質・能力の育成につながります。

- ●理科新聞や理科レポートの作成と発表、討論
- ●実験や調査を通した仮説検証
- ●理論を活用した検証（進化の説明、血液型の推定、遺伝の法則の活用と説明）
- ●レポート評価会

社会の活用学習

社会でも、調査活動そのものではなく、レポート作成などを核になる活動として単元に位置付けます。調査活動が単なる体験活動にとどまることなく、論理的説明力などの能力育成につなげることができます。

- 社会新聞や社会レポートの作成と発表、討論
- 資料活用による社会事象の特徴の説明
- 地域での実地調査に基づく仮説検証
- レポート評価会

外国語の活用学習

外国語は、言語活動の一つであり、国語のように自分の考えや思想を表現する手段として活用することができます。小中連携を意図した小中学生の合同授業による英語クイズ大会や、英語を用いた学校間交流や国際交流などを位置付けることもできます。

- ●スピーチ
- ●英語を用いた物語文、説明文、意見文の創作表現
- ●プレゼンテーション、ディベート、パネルディスカッションなどのコミュニケーション活動
- ●寸劇、歌唱、群読、役割演技、創作紙芝居などの発表活動
- ●取材活動

音楽の活用学習

音楽は、作曲などの活動を行うことにより、行事やイベント等と関連付けて学習を進めることができます。演奏会や発表会の場を設け、それに向けて活動を進めていくようにするとよいでしょう。

●演奏会の開催
●共通事項を活用したリズム表現による創作活動
●映画やアニメーションのＢＧＭづくりと演奏会
●複数の楽曲による鑑賞

図画工作の活用学習

図画工作は、その多くが活用学習に当たります。教師は、「何の知識・技能を活用させるか」という視点をもって授業や単元を組む必要があります。技能期で学んだ表現技法を活用して、自分なりの作品を創作します。

●特定の表現技法を活用した創作表現
●複数の絵画や工作による鑑賞
●他学年への体験会の実施
●展覧会の企画と展示

家庭の活用学習

製作や実習を学んだうえで、それらを活用した学習に取り組んでいきます。家庭生活の見直しにつながるようにしていくことが大切です。

- 基本的な型を活用した作品製作
- 日常生活の調査研究によるレポート作成と発表・討論
- PDCAサイクルに沿った実習活動の実施と改善
- 技法の整理

体育の活用学習

体育では、作戦を練るなど、基本的な学習をもとにして運動を考えることが活用になります。特に表現運動は、他教科や日常生活と関連付けることができ、活用学習として扱いやすいものとなります。

●作戦に基づく試合（ボール運動）
●演技発表会（器械運動）
●計画的運動と修正（体つくり運動）
●基本的なステップを活用した創作ダンス表現（表現活動）
●記録測定会（陸上運動・水泳運動）
●保健領域にかかわる課題レポートの作成と発表・討論

道徳の活用学習

道徳学習を一通り学んだうえで、それらが葛藤するようなマップを作成したり、学んだことをポートフォリオにまとめたり、新聞などに表現したりすることを介して活用学習とします。

- 葛藤マップの作成
- 道徳ポートフォリオ作成
- 道徳はがき新聞作成
- はがき・新聞交流会

活用期の技術①

既有知識・技能の想起

既有知識・技能の想起のポイント

新しい問題を解決するために、習得した知識・技能の中でどれを活用すればよいかを決め、それを想起しておく段階をつくります。

技能期・習熟期によって定着が十分でない知識・技能がある場合は、ここでもう一度復習するようにします。

定着の不十分な子どもたちは活用問題を見ると、頭が真っ白になると感じ、分かりそうで分からない問題を解いている感覚をもつものです。つまり、子どもたちにとって活用問題は、どこからどうやって取りかかればよいかの糸口さえ見付けにくい問題なのです。

したがって、この段階では、知識・技能を活用する見通しと作戦づくりを行わせるとよいでしょう。ここでは、ノートやワークシートで、「私の作戦」と題する枠を用意しておき、その中に活用できそうな知識・技能と、それをどのような順序や方法で当てはめていけば解けそうかというような、大まかな問題解決のイメージを作らせるのです。

問題文への書き込み

問題文へ、これまでに分かったことを書き込み、意見として出し合い、ヒントになるようにします。

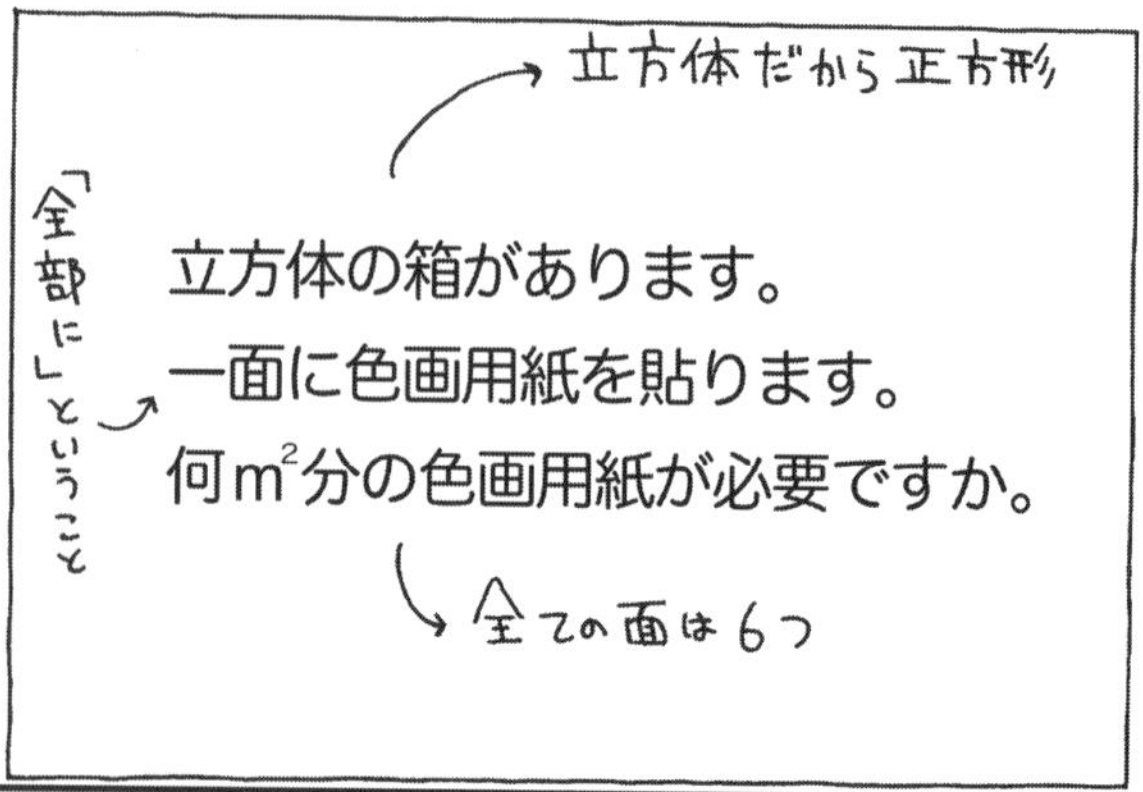
立方体だから正方形
「全部に」ということ
立方体の箱があります。
一面に色画用紙を貼ります。
何m²分の色画用紙が必要ですか。
全ての面は6つ

簡単な問題の解決

活用問題を解くための、基本となる知識を確認するための易しい問題を解きます。

簡単な問題
よし、できるぞ!
難しい問題

カルタ

紙面上の活用問題を解く場合に有効な手立てです。活用問題の学習課題を提示した後で、問題の構造分析を行います。カルタを用いて、「分かっていること」「分かっていないこと」「使えそうなもの」「これまで解いてきた問題とのちがい」「これから求めること」という５つの観点で整理しながら、分かりやすく解きほぐす作業を行います。

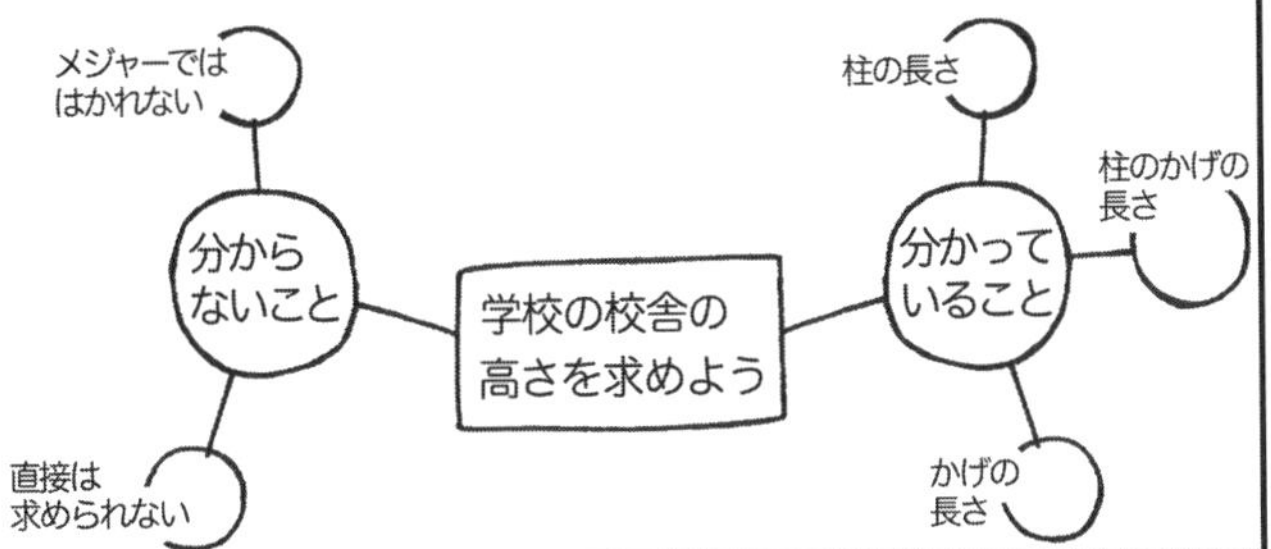

先行研究の調査

制作にあたり必要な情報を集めるために、先行研究を調査します。これによって、どのような作品を作るかを決定していきます。

活用期の技術②

解決・創作・実践

解決・創作・実践のポイント

この時間では、友達の考えと自分の考えを比較しながら、不十分な考え方を修正したり、教え合ったりします。

さらに、それぞれの考え方のよさを認め合えるような活動に取り組みます。

そのことによって、自分の考え方を改善することができるようになります。

それとともに、多様な考え方に触れて、必要に応じて学習モデルを差し替えながら柔軟に思考する力を身に付けられるようになります。

教師は、全体の流れを見ながら、個人やグループの活動に停滞がないかどうかを確認します。時折、全体の活動の手を止めさせて、上手くできているグループを見本として取り上げます。価値ある情報を共有することで、学級全体の取り組みの質を向上させることをねらっていきます。

三段思考

階段式の枠を入れてワークシートなどを用意して、そこに言葉でしっかりと問題解決に至る３つの思考のステップを書き込ませます。この中には式を入れることもできます。大切なことは、問題解決の過程で生み出した思考の手順や判断の根拠、そして論証過程の積み上げの様子を、論証言葉を組み合わせながらしっかりと書かせることです。

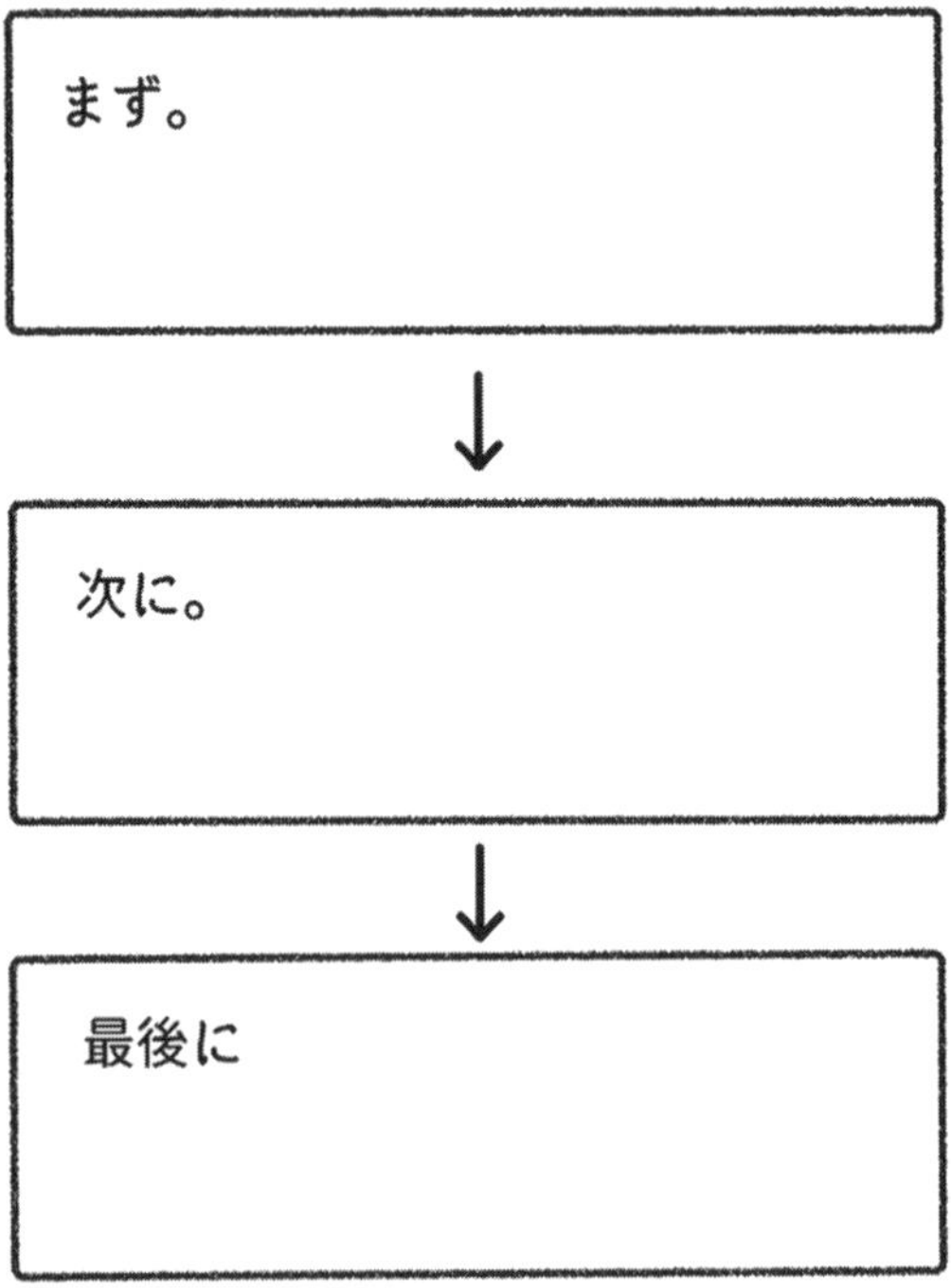

ジグソー法

グループの中で調べる課題や問題を分けて決め、別グループで解決し、もとのグループに持ち帰り共有します。

特派員法

　他のグループへ出かけて議論を聴いたり、インタビューしたりして、新しい考えや自分のグループとの相違点などを取材してきます。４人グループのうち２人が取材に出て、２人が自分のグループの考えを発表します。時間で区切り、戻ってきたら、再びグループでの話し合いに移ります。

発表作品の制作

構想を詳細化して作品として作り上げ、それをグループで遂行してから研究レポート、新聞記事、ニュース解説等の作品として仕上げていきます。

活用期の技術③

発表

発表のポイント

グループ全体あるいは代表が教室の前へ出て、シンポジウム形式で自分のグループの考えを述べます。

教師は座長の役割を担い、グループ間の意見を交流させます。最初１人で考えていたときのことが、２人組で話したり、グループで話したりしているうちに深まることが多いものです。

ポスターセッション形式で行う場合は、発表の際には、机や椅子、模造紙を貼るボードなどを配置する場所が必要です。

グループ同士を近づけて発表させると、互いに声が聞き取れなくなってしまいます。そこで、複数の教室を準備するか、特別教室、体育館などを使うようにしましょう。

「キーワードを目立つように書く」「絵・図・表を用いる」「やさしい言葉に直す」「予想される質問の答えを準備する」など、発表に関して様々な工夫が取り入れられるように助言しましょう。

学級発表
個人やグループごとに考察した内容を発表します。

1班の発表を始めます。
グループ相互発表
個人やグループ同士でお互いに発表をします。

グループ内発表
グループ内で１人ずつ発表します。
私の調べたことを発表します。

クラス外へ発表
作品を地域の人あるいは他学年などに向けて発表して理解してもらうといった、一連の創作表現活動に展開させます。
学校のケガの起こり方について説明します。

活用期の技術④

討論

討論のポイント

価値観のちがう人々が暮らす現代社会において、話し合いを通して多様な価値観を認め合うことは、大事なことです。

討論の際には、まず自分の立場が明らかになるようにします。ノートに「○か×」か「AかB」かを書きます。あるいは、名前マグネットなどを用いて、自分の立場が明らかになるようにするのもよい手立てです。

立場が定まれば、「どうしてそう思うのか」という根拠が必要になります。様々な立場や考え方、自分にはない感情をもった人たちと話し合う経験を積むことで、子どもたちの話し合う力を向上させることができます。「相手を言い負かせる」ことに躍起になる子どもがいます。しかし、そうではありません。**「なぜそう思うのか」と、根拠を尋ねることにより、他者の考えにふれ、それによって自分の考えの軸となる部分を作りあげていくのです。**

討論は、①「議題の決定」と②「話し合い」の2時間で構成されます。

議題の決定

①情報提供

教師から、情報を提供します。選択肢を示し、自分の意見を決定させます。どれがいいと思うか、自分の考えに近い方を選択します。

②多様発問
気付いたことを発表します。出された意見について、○か×かを尋ね、自分の立場を明らかにさせます。

グラフを見て気づいたことを言いましょう。

このままだと高齢者を支えられないと思います。

さっきの○くんの考えに賛成の人は○を、反対の人は×を書きなさい。

×かな。

自分の考えを書きましょう。

ぼくは○だと思います。なぜかというと・・・

話し合い（討論）

1. それぞれの立場を確認する
名前マグネットを活用すると、視覚化されます。
人数を確認します。○の人？×の人？
自分の立場にあてはまる所へマグネットを貼ります。
2. 少数派が意見を述べる
多数から先に意見を言うと、圧倒されてしまう可能性があります。
少ないほうのBから意見を言います。
ぼくはBだと思います。なぜなら・・・
3. 多数派が意見を述べる
次に、多数派が意見を述べる。
次はAが意見を言います。
私はAです。どうしてかというと・・・

4. 自由に意見を交わし合う
どちらの意見も言いつくしたところで、意見を交流します。
自由に話し合いましょう。
さっき○さんは~と言っていましたね。どうしてそう思ったのですか？
それは…
5. 教師がまとめる
A
B
2つの意見をまとめると~になりますね。先生は~だと思いました。
6. 話し合いの感想を書く
感想文を書きましょう。
僕はBだと思っていたけど○さんの意見を聞いて考えが変わりました。

活用期の技術⑤

自己評価・相互評価

自己評価・相互評価のポイント

主体的・対話的で深い学びを充実させるうえでは、評価活動の中で、子どもの自己評価が中心的な役割をもつようになります。なぜなら、**自ら進んで身に付ける子どもを育てるためには、自分の学習状況を客観的に捉えることで達成感を得させたり、自己改善を促して次の目標を考えさせたりすることが必要であり、それには自己評価がとても効果的だからです。**活動の最後に、自己評価と相互評価の時間を設けます。自己評価として、活動のふりかえりをノートにまとめます。そして、4段階で自己評価します。また、相互評価として、付箋にお互いの活動について評価し合います。

「自分から進んで取り組むことができたか」、「友達と協力できたか」、「自分らしく表現することができたか」、「自分で決めることができたか」、「問題を解決することができたか」、「自分を伸ばすことができたか」などの観点から、評価します。

自己評価（点数）

4点満点で点数をつけて、どうしてその点数になったのか、自分の学び方をふりかえり文章化します。

私の学び方は2点です。どうしてかというと友達とあまり協力できなかったからです。

自己評価（文章）

ノートやワークシート等に、友達に書いてもらった付箋を貼りつけ、自分で自分自身の学習について評価します。

この学習を通じて学んだことは、次の学習では～ということまで調べてみたいと思います。

相互評価

付箋に友達の発表に対するコメントを書き、ペアやグループで、評価し合います。

評価の分類

相互評価により渡された付箋を、自分なりに分類してまとめます。似たような意見をまとめたり、改善点を考えたりして、自己のふりかえりへとつなげます。

コラム　授業づくりと教材開発

「材料7分に腕3分」という言葉が料理の世界にあるそうです。

これは、教師の世界にも通用することだということができるでしょう。

いくら腕が良くても、材料が悪ければどうにもならないということがあります。学習意欲を高めるにしても、良い材料を使うと効果的ですが、そうではない場合は、せっかくの意欲がしぼんでしまいます。

では、良い材料を選ぶのは誰でしょうか。

それは料理人自身です。そうすると、料理人の腕の第一は、よい材料を見分ける眼力ということになり、料理する技術は第二ということになります。

教育の世界においても、授業づくりについては、材料の良し悪しが大きく影響します。子どもの実態にマッチしたよい教材を開発できたとき、授業は成功したも同然なのです。

このため、いかによい教材を開発するかが、とても重要になってくるわけです。

教材開発に力を注ぎましょう。そうすれば、子どもたちの追究が鋭くなり、迫力が出てくるようになります。

子どもの意欲を高め、鋭い追究ができるようにするためには、良い材料を素早く見抜く目や、それを料理して良い教材に仕上げる腕が教師に要求されます。

「教材の捉え方」には、いろいろあります。

圧倒的に多いのは、「教科書に書いてあるものが教材」という捉え方です。

この考え方から抜け出せない限り、授業の活性化は難しいように考えられます。

教材は、子どもの常識を覆し、固定観念を打ち破るものではなくてはならないし、子どもの目を開かせるものでなくてはならないのです。

教材をこのように捉えると、教科書にあるものが全部教材になることはありえないし、隣のクラスで有効だった教材が、自分のクラスで必ずしも有効に働くとは限らないということになります。

もちろん教科書の中にも良い教材はあります。でも、私たちの生活に密着した事象の中にも、よい教材がたくさんあるのです。ただ、それを教師が見つけられるかどうかが問題なのです。

教材研究というのは、教師が自分の学級の子どもの実態を思い浮かべながら、子どもた

ちが追究していくであろう内容を広げたり深めたりすることであり、子どもたちに「これだけは追究させたい」というものをもつことなのではないでしょうか。

教師に見えないものや、捉えることのできないものを、子どもに追究させることができません。

教師が教材研究をして納得し、深めることができたとき、子どもたちにより深く追究させることができるのです。

教師が自ら学び、「このことはなんとしても追究させたい」という強い願いをもったとき、それが教材となり、意気込みや迫力のようなものが子どもの追究心に火をつけることにつながるのです。

その学期で教える授業単元内容について、いつも頭の片隅に置いておくようにしましょう。本を読むときはもちろん、雑誌を読むとき、テレビやＳＮＳや動画を見るとき、他人のことを見るときなども、何かヒントになるのではないかと意識しています。

メモや写真を取って残しておき、教材になるかどうか温めておくようにしましょう。

第5章 探究期の授業づくり

探究期とは

ここからは、探究期の学びについて述べていきます。

探究学習とは、総合的な学習の時間で行われる「探究的な学習」のことで、21世紀社会の諸問題をテーマとして扱い、子どもの主体性を大幅に認めて育て、協働的・創造的に学び、多くの汎用的な資質・能力を育てる学習を示しています。

自ら課題を発見・設定し、その課題を解決していくのが探究学習です。

学校はこれまで、多くの場合において、子どもたちに「問いを立てる」という経験さえ充分に保障できていませんでした。学ぶことはあらかじめ決められ、定められた順序にしたがって勉強するように強いてきたのです。

でも、子どもたちは本来「問い」のかたまりです。「どうして虹が出るの？」「犬はどうしてワンと吠えるの？」そんな「問い」をたくさん内に秘めています。だから、探究学習においては、思う存分、自分の関心のあることをとことん探究する時間を保障してあげましょう。

とはいえ、「何でも調べたいことを調べてOK」とするのはちがいます。

その学年で学習した知識・技能が生かされるように、教科横断的な学習となるようなテーマを組む必要があります。

総合的な学習の時間で行われる「探究的な学習」を、ねらい通りに進めるためには、「プロジェクト学習」と呼ばれる学習の特徴をふまえておくことが大切です。

今日の地球規模の課題の解決という意識が高まるにつれて、総合的な学習の時間の必要性が再認識され、その理論的根拠でもあるプロジェクト学習の手法が再評価されているのです。

総合的な学習の時間としてのプロジェクト学習は、次の6つの特徴をもっています。

①調査活動や、実践活動、制作活動を中心にした学習を行う
②プロジェクトの企画・運営・評価を主体的・協働的に進める
③問題意識や目的意識等に係る自分の思いを表現する
④社会参加によって活動や作品を活かす実践活動を行う
⑤多様な汎用的能力を、体験を通して身に付ける
⑥単元の中で、R－PDCAサイクルに沿って活動を積み上げる

どの項目も、子どもたちが主人公になり、豊富な資料と体験を通して実践的な課題に取り組んでいきます。

この中でも、特に④の「社会参加」や「実践活動」が重要です。

教室の中で作った作品や、学校で始めた活動が、地域社会に役立つことをねらいとしています。

例えば、演劇をするにしても、テーマとして環境浄化を訴えたり、観衆として地域の人々を招いたり、あるいは異文化交流の中に位置付けたりして、表現・技能の習得や興味・関心の充足だけにとどまらないようにすることが大切なのです。

探究学習を進めるにあたっては、次のような方法を用いていくようにすると効果的です。

①成功体験

探究学習の中で、もっとも大切なことは、子どもたちに課題解決の成功体験を積ませることです。「分かった・できた」という学びの達成感を増やしていきましょう。

その際に必要になることは、個に応じたヒントとなる「学び方の例」を適切に提供することです。

例を示すことにより、課題解決の難易度が下がり、理解度や習熟度の低い子を支援し、子どもたち全員が課題解決の喜びを感じることができるのです。

②失敗回復体験

実験、資料検索、調査活動などがうまくいかないときでも、あきらめずに試行錯誤して、失敗を乗り越え、うまくいったという回復体験を味わわせましょう。

これについては、改善案をグループで話し合わせたり、成功のコツをヒントカードで示したり、うまくいった班のやり方を参考にさせたりすることも有効です。

そして、失敗を回復したときには、教師からも他の班からもしっかりとほめて、その努力を認め、成功の喜びを感じさせる機会をもたせるようにしましょう。

③自己評価

自分の学びの進捗状況を意識して意欲を高めたり、達成した目標や解決した課題を記録に残して自己効力感や達成感を感じさせるようにします。

④相互評価

相互評価は、友達のよさや可能性を認め合う機会として、できれば授業の過程の中に設定したいものです。**相互評価を受けて、子どもたちの考えや作品、パフォーマンスをよりよいものに改善します。**

相互評価の活動は、練り合いや練り上げと呼ばれる相互修正や相互改善の取り組みにもなります。つまり、「主体的・対話的で深い学び」において、子どもの相互評価は不可欠な活動であると言えます。

総合的な学習の時間の探究の過程は、①「課題設定」②「情報の収集」③「整理・分析」④「まとめ・表現」とされています。これをもとにして7つの流れにまとめました。

探究期は、次のように授業単元を進めていきます。

①テーマ設定（2時間程度）
②課題設定（1時間程度）
③計画（2～3時間程度）
④情報収集（2～3時間程度）
⑤整理・分析（1時間程度）
⑥まとめ・表現（3～5時間程度）

⑦評価（1時間程度）

ではここから、それぞれの進め方について、具体的に見ていきましょう。

探究期の技術①

テーマ設定

テーマ設定のポイント

探究のテーマそのものは、教師が用意してもいいし、成長に応じて子どもたち自身が設定してもいいでしょう。

ただ、一貫性をもって取り組んでいくためには、学校全体で各学年のテーマ設定としてあらかじめ定めておくことがよいと考えられます。

テーマには、次頁にある6つの単元モデルが挙げられます。

これを参考にして、学校全体で「どの学年で、どの単元を扱うか」を決めるとよいでしょう。

また、「最高学年のみテーマ設定を自由に決定する」というのも、よいでしょう。これまでのテーマ設定の経験から、自分たちの探究したいことを決めていくのです。学年で代表の子どもが話し合い、大きなテーマについて決定していく必要があります。

①調査探究型

調査探究型とは、環境問題や福祉問題、平和問題などについて、文献、インターネット、インタビュー、アンケートなどを調べて、その成果を多様な表現方法で発表するという方式のことです。

- バリアフリーを調べよう
- 環境問題を調べよう
- 世界の料理を作ろう
- 我が町自慢大会を開こう
- タイムカプセルを作ろう

②総合評価型

総合評価型は、演劇やミュージカル、そしてマルチメディア作品の制作と上演を最終目標とする学習です。

- CD制作に挑戦しよう
- ホームページを制作しよう
- ミュージカルに挑戦しよう

●テレビ番組を制作しよう
●ラジオドラマに挑戦しよう

③社会参加型

社会参加型には、ボランティア活動や職場体験学習、環境問題や人権問題に関する啓発活動などを、地域で実践することがあてはまります。

●職場体験に出発しよう
●ボランティア隊になろう
●ふれあい実習に出かけよう
●町づくりに参加しよう
●奉仕活動に参加しよう

④企画実践型

イベントの企画から運営までを、子どもたちが主体的に進めていく活動が含まれます。

●国際フェスティバルを開こう
●街角音楽隊を作ろう

●歌手をプロデュースしよう
●キッズマートを開こう
●平和シンポジウムを開こう

⑤共同交流型

インターネットやビデオレター、テレビ会議システムなどを活用した情報交換による学校間の協働的な学習、合同体育祭や合同遠足などによる学校間の交流学習があてはまります。

●全国の方言を比べよう
●テレビ電話で討論しよう
●共同ホームページを作ろう
●共同募金をしてユニセフに送ろう
●学校イベントを共同開催しよう

⑥自己形成型

自らの生き方を考えることを中心的なねらいとしているものです。

例えば、自叙伝を書いて自分の成長をふりかえったり、2分の1成人式を開いたり、成長発表会を通してコミュニケーションを深めたり、未来のわが町をイメージしたり、そこでの自分の職業を構想してみたりなどして、自尊感情を高めて自分のよりよい生き方を探ることをねらいとしています。

キャリア教育、デスエデュケーション、自分づくりの授業などと呼ばれてきたものを、本格的に展開しようという意図が込められています。

●2分の1成人式を開こう
●卒業記念CDアルバムを作ろう
●バーチャル同窓会を開こう
●立志式を開こう
●自分史を書いて語り合おう

課題設定

学校の歴史を
調べたいな。
テーマをもとにして
自分たちで課題を
決めましょう。
地域との関わりについて
調べるのはどう?

課題設定のポイント

「テーマ」は与えられたものであったとしても、それにまつわる「問い」は、子どもたち自身が立てられるようにしましょう。

例えば「地域のよさを発信しよう」というテーマだとすれば、「地域の祭りをよりよくするためにはどうすればよいだろうか？」というように、問いを自分たちで考えてみせるのです。

……とはいえ、「問い」を立てていくことは、それ自体がきわめて高度な営みです。探究的な学習において、もっとも重要であり、かつ難しいのが「生徒自ら問いを立てる」ことなのです。せいぜい、ネット検索すれば分かるような問いを立てるのが関の山と言えます。

「問い」を立てるには、まずはそのテーマに浸り、多くの先行実践などの知識を得る必要があります。深く調べなければ答えが出ないような問いが立てられるように、教師が助言を加えましょう。

例えば、これまで上級生が作成した研究報告書などを読み、どのような課題が解決し、どのような課題が残されているのかを調べて、自分たちの総合的な学習の時間でどのような学びをすればよいかについて大きな見通しをもちます。

そして、学習課題や研究テーマを具体化するために、学校の教員や専門家にインタビューしたりして、適切な課題のアイデアを聞き出したり、図書館の本や図鑑を調べて知識を増やしたり、あるいはアンケートを行い、現状や実態を明らかにして課題を見出したりしていくのです。

4人程度のグループをつくり、協働的に活動を進めていきます。「アイデアの批判をしてはいけない」「アイデアをたくさん出す」「自由奔放な意見も歓迎」「人のアイデアに便乗してもよい」などのルールを設けて、話し合いを始めましょう。

次頁から紹介するブレーンストーミングとは、ある問題やテーマに対して、グループで自由に意見を出し合うことで、多彩なアイデアを得るための手法です。付箋に「なぜ？」「どうして？」「調べてみたい」と感じたことを書き出し、ホワイトボードに貼り出します。

ギャップを探す視点は3つあります。3つの「カン」です。

ブレーンストーミング

時間①
昔はどうだったのだろう？
昔から同じ格好でやってそう。
時間②
将来はどうなるのだろう？
たくさんの機械を使うのかなあ・・・。

・空間①
他の地域ではどうなのだろう？
他にも祭りをやっている地域はあるのかな？
・空間②
なぜ他の地域と違うのだろう？
なぜ地車を引く必要があるのか。
・達成感①
地域の人と仲良くなれる！
理想はどうなのだろう？
・達成感②
だんじりの事故の被害は大きそうだな。
当たり前と言われているが本当にそうだろうか？

分類

貼りだしたものを分類し、グループの代表意見を決定します。

だんじり祭り改善計画を作ってみたいな！
お祭りが本当に地域の活性化に貢献できているのか調べたいな。

探究期の技術③

計画

計画のポイント

次に、計画段階では、「目標設定」「計画立案」という2つの活動を行います。**計画の段階では、活動の展開によっては初期の目標を修正したり変更したりすることになることが多いので、その度に目標を書き直して意思統一を図るようにしましょう。**

ここで教師に求められるのは、「コーチング」のスキルです。コーチングは、教師が子どもの自発性を尊重して考えさせる仕組みで、子どもの自発性を高め、自己責任意識を醸成する方法です。

主に、5W1Hを中心に、質問を重ねていきます。グループが活動をしているのを見て回りながら、「いつ」「どこで」「だれが」「何を」「なぜ」「どうやって」について質問を重ねていきます。子どもにとって、活動の様子や方針が明確になるように問いかけましょう。

目標設定

やってみたいことをイメージマップやステップチャートを使うなどして書き出します。書き出したものを見つめ直すなどして、意思統一をはかることができるようにしましょう。

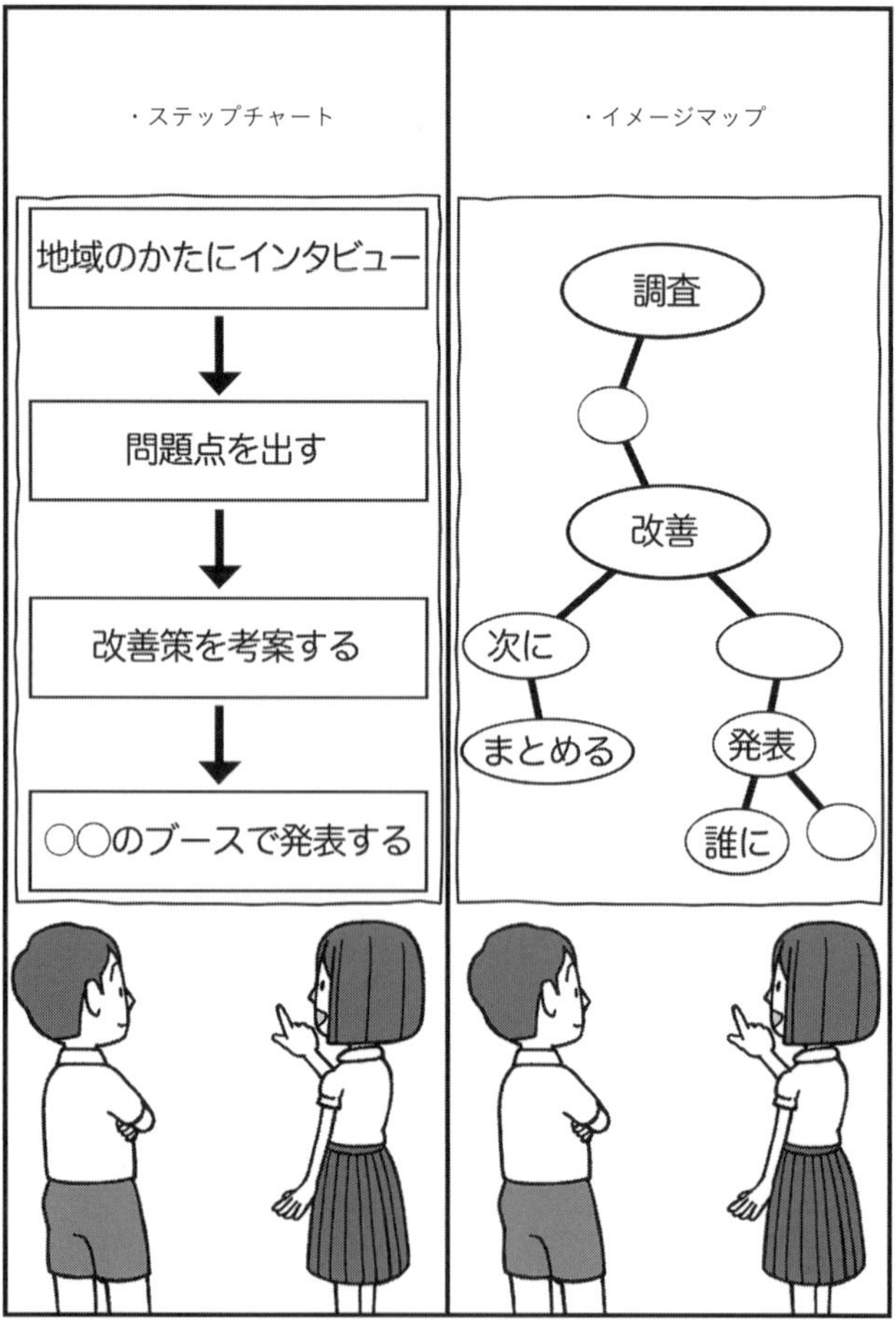

計画立案

「計画立案」では、研究方法、予定表、役割分担、訪問先などを、グループで話し合いながら詳細に決定していきます。もちろん、後で変更してもかまいません。

探究期の技術④

情報収集

情報収集のポイント

文献の研究や資料の分析に加えて、インターネット検索や、アンケート調査などによる情報収集、コンピュータの統計ソフトによるデータ分析、さらにインターネットやビデオレターによる情報交換などが行われます。

そのようにして集めた情報やデータ分析の成果をもとにして、次の「作品制作」の段階で、研究発表会のためのプレゼンテーション資料を制作することになります。

校外で情報を収集する場合には、実地調査や事前打ち合わせが不可欠です。安全面の配慮や、教師の役割分担、観察・見学をさせるねらい、交通機関との連絡や切符の手配、どの程度の時間をとるかなど、詳細にわたって決めておくようにしましょう。

資料集

社会科の資料集等を用います。

図書調べ

地域の図書館から、本を借ります。1学級の人数＋5～10冊程度が望ましいでしょう。

インターネット

博物館のサイト等を活用し、検索します。自宅のＰＣで調べてても可。

プリント資料

教師が、資料データとなるプリントを用意しておきます。

インタビュー
インタビューしてもいいですか？
ああ、いいよ。
動画
NHK for schoolなどの動画を視聴します。
図書館
祭りの歴史
地域の祭り
アンケート調査
アンケート用紙を作成し、配布、回収、集計します。
アンケートに協力して下さい。
はーい。
校外学習
他校との実践交流
私達の地域のお祭りです。

探究期の技術⑤

整理・分析

整理・分析のポイント

情報収集を行ったら、次は集めた情報を整理・分析しましょう。**情報を整理・分析することでアイデアの共通点をまとめることができ、議論すべき点を絞り込むことができるのです。**

情報の整理・分析は、比較して共通点や相違点を明確にし、それをもとに分類することがポイントです。ＫＪ法もしくはポジショニングマップで整理し、それから分析します。

模造紙や画用紙、大きさや色のちがう付箋などを数種類用意しておき、チームで選ばせるようにします。「選ぶ」という行為が、子どもの自主的な態度を育てます。

話し合いをするときには、議論をすすめる中心的な子を決めます。「ファシリテーター」です。みんなの代表としてのお世話役です。チームのみんなが納得して、話し合いを進めていくことができるように働きかける役割です。慣れないうちは教師が指名し、慣れてきたら輪番で交代してやるようにするといいでしょう。

KJ法

各自が情報収集して得られた知識やキーワード、気付き、疑問点などを付箋に書き出して共通するものを分類し､まとまりごとにタイトルをつけます。

ポジショニングマップ

まず2つの価値をもとにして、2軸をつくります。1つひとつの意見をどのあたりに位置づければよいのかを考えながら配置していきます。書き込み終わったら、全体を眺めて、気付くことをまとめます。

探究期の技術⑥

まとめ・表現

まとめ・表現のポイント

整理・分析をして問いに対する結論を深められたら、一連の探究の成果をわかりやすくまとめて発表しましょう。

探究学習の成果を発表する際によく使われるのは「パソコンを使ったスライド発表」と「新聞・ポスターによる発表」です。どの発表方法であっても重要なことは、課題に対してどのような問いを立てたか、問いに対してどのように結論を導いたか、その結論の根拠や理由は何かを分かりやすくまとめることです。探究で得た気付きや疑問、参考文献などもまとめておきます。

参観日等の日に設定して、おうちの人や地域の人に見に来てもらうと、よりモチベーションを高くして臨むことができます。

発表の際には、発表者同士で対話をしたり、ペープサートや人形劇で演じたりするなどして、聞き手に伝わりやすいように工夫するよう促しましょう。

プレゼンテーション
コンピュータでプレゼンテーションソフトを作成し、プレゼンします。スライドは10枚程度までとし、子どもの記憶に残りやすいように心がけます。
このグラフをごらん下さい。

右上の記事に注目して下さい。
新聞
分かったことを新聞にまとめます。壁新聞や、印刷して配布するタイプの新聞にするのもよいでしょう。

ポスター
探究学習の成果を模造紙等のポスターにまとめて発表します。
未来のだんじり祭りについて
安全性
世界への発信
この写真をごらん下さい。
ペープサート
どれくらいの人が集まるかな？
それはね・・・。
人形劇
どうやって安全に気をつけているのかな？
インタビューしてきました！
フリップ
このような歴史があるのです！
演劇
一体どういう事？
気になるでしょう？実は！

探究期の技術⑦

評価

評価のポイント

本格的な活動が終了した後に、評価段階で評価のため活動を行います。相互評価を経たうえで自己評価へと移行することで、対話を通して自分の学びをふりかえられるようにします。

相互評価の中でも代表的なものは、付箋紙法です。付箋紙に、友達の作品の考え、そしてパフォーマンスについて肯定的評価や否定的評価や改善意見を書き込んで、友達に渡します。付箋紙を受け取った子どもは、自分のふりかえりシートや設計シートに貼り付けて、友達からもらった評価コメントをもとにしてさらに自己評価を深めていきます。練り上げや練り合いが気軽にできます。小学校1〜6年生まで、あらゆる教科・領域で行うことができます。

付箋を2色用意して、赤色を「改善点」青色を「よかったところ」とするといいでしょう。批判的な意見ばかりでは、付箋紙をもらった子どもの自己改善への意欲は高まらないことに配慮しましょう。

相互評価のねらいは、友達のよさを引き出し、悩みの解決のヒントを与え、その子の個性を活かすことです。批判合戦にならぬよう、活動の目的を伝えたうえで取り組ませましょう。

相互評価

「相互評価」では、グループ内でふりかえりをしたり、プロジェクトでお世話になった専門家から評価コメントをもらったりなどして、それを参考にしながら成果と課題をまとめるものです。

自己評価シート

「自己評価」では、自分の活動についてどうだったのか、いくつかの観点をもって評価します。あらかじめ自己設定した自己評価基準に沿って、身に付けた資質・能力の観点から、自分のプロジェクト学習での成果をふりかえり、その得点をレーダーチャートにまとめて考察を加えます。

自己評価シート

年　組　番
名前（　　　　　　　）

◎この評価シートは、自分が授業にどのように取り組んでいるかをふりかえるものです。
それぞれの項目の４から１の数字のあてはまるところに、１つずつ○をつけましょう。

４：とてもあてはまる　３：少しあてはまる　２：あてはまる　１：まったくあてはまらない

１	自分から進んで取り組むことができた。	（　４　３　２　１　）
２	友達と協力することができた。	（　４　３　２　１　）
３	自分らしく表現することができた。	（　４　３　２　１　）
４	自分自身で決めることができた。	（　４　３　２　１　）
５	問題を解決するために考えることができた。	（　４　３　２　１　）
６	自分の力を伸ばすことができた。	（　４　３　２　１　）

◎ふりかえり
学習をふりかえって、思ったこと・感じたこと・考えたことを書きましょう。

コラム　教育と著作権

教育現場では授業の過程において、補助教材として、教員が自ら教材を作成することがあります。その際、既存の著作物を利用して教材を作成することもあります。著作権法では、このような場合に無断で他人の著作物を利用できる例外規定が設けられているのです。

次のような法律です。

> 学校その他の教育機関（営利を目的として設置されているものを除く。）において教育を担任する者及び授業を受ける者は、その授業の過程における使用に供することを目的とする場合には、必要と認められる限度において、公表された著作物を複製することができる。ただし、当該著作物の種類及び用途並びにその複製の部数及び態様に照らし著作権者の利益を不当に害することとなる場合は、この限りでない。（著作権法　第35条1項）

例えば、授業のために教員が他人の作品の一部を利用してプリント教材を作成し、児童や生徒に配布する場合などは、この規定によって、著作権者の許諾を得ずに行えることになるのです。

この法律が適用できる可能な限りにおいて、子どもたちの興味をもつキャラクター等をプリント等に用いることができるのです。

ただし、次のような場合は法律違反となります。

- **ソフトウェアなどを児童、生徒が使用する複数のパソコンにコピーする**
- **児童生徒一人ひとりが購入することを前提としているワークブックやドリル教材などをコピーして配布する**
- **授業に直接関係のないものに対して配布するために複製する**
- **市販の商品と同様な形態で製本するなど、授業の過程を離れても使用可能なように複製する**

法律の範囲内において、有効に活用できるようにしていくことが望ましいでしょう。

第6章 評価と評定

評価と評定とは

私たち教員は、「評価」と「評定」をよく似た意味で捉えます。しかし、「評価」と「評定」は、意味がちがいます。

評価…ある事物や人物について、その意義・価値を認めること。
評定…一定の基準に従って、価値・価格・等級などを決めること。

「評価」は、児童生徒を序列化するものではありません。また、学習の成績をつけたり、進路選択の資料としたりするだけのものではありません。

目標や評価規準に照らして、児童生徒の学習の状況を捉え、学習の過程とせず成果を評価し、教員による学習指導や児童生徒の学習活動を改善したり充実させたりしていくことで授業の改善を図り、児童生徒の資質・能力を育成できるようにするものです。何よりも、よりよく成長させていくことが、学習評価において大切なことなのです。

一方で、「評定」とは、ＡＢＣなど、子どもの到達度を決めることです。教師としては、「評価」を存分にしてあげたいところですが、実際に学校現場では、「評価」を「評定」へとつなげなければなりません。これは、切実な事実です。

学習指導要領においては、評価について述べられていますが、具体的な「評定の基準」については、ほとんど記述がありません。

野球でいうと、ストライクゾーンの存在は明示しつつ、「どこからがストライクか」を述べていないような状態です。

学校現場としては、評定の仕方が必要となるので、なかなか困るところです。

そこで、本書では、具体的な評定の仕方を、できるだけ詳細にわたり表記したいと思います。子どもを評価し伸ばしつつ、なおかつできるだけ正確な評定にするためには、どのようにすればよいのか。いくつか私のやり方の例を示しますので、参考にしてください。

評定の点数化について

ここでは、子どもの成果を点数にして評定を定める方法について述べていきます。ペーパーテストのみの場合は90～95点以上（学校状況・校種により配点は異なります）をA評価、60点以下をC評価とします。

実技の場合は、１項目を３点として３項目評価し、９点満点にします。８点以上をA評価、４点以下をC評価にします。

ペーパーテストと実技の場合は、両方を合わせて１００点満点で評価します。**パフォーマンスの得点が９点の場合、ペーパーテストの最終得点を９点少なく換算します。つまり、91点にするのです。そして、パフォーマンス評価の配点を９点（３項目×３）として加えます。これで、１００点満点として評価することができるようになります。**

パフォーマンス評価が９点というのは、もしかすると、「ペーパーテストに対して点数が低すぎるのではないか」と感じられるかもしれません。

しかしながら9点は、評価を分けるのに、大きな影響を与えます。例えば、A評価が95点以上の場合であれば、ペーパーテストが95～96点の子どもは、ルーブリックにより、B評価に下がるかもしれません。93～94点の子どもは、頑張りによって、A評価に上がることもあり得ます。9点は、評価を分ける大きな役割を果たしており、この点数が低いとは言えないのです。

いくつもの項目を計算したり、換算したりするのは複雑な作業になります。

そこで、評定の換算や計算には、エクセルを使いましょう。

本書で述べている評価方法がエクセルで一括処理できるようにファイルを作成しました。私が使用しているものです。ご参考になさってください。東洋館出版社HP上に記載しています。

下記QRコードから確認してください。その他、授業技術を一覧表にまとめています。さらに、本書で取り上げた思考ツールと自己評価シートもダウンロード可能です。

（有効期限2027年迄）

toyokan-publishing.jp./lessonskills/

知識・技能の評価

知識・技能の評価のポイント

「知識・技能」の評価は、各教科等における学習の過程を通した知識及び技能の習得状況について評価を行うものとされています。

知識・技能の評価は、教科の特性により異なりますが、主にペーパーテストにおいて、知識の習得度を測ります。「事実的な知識の習得を問う問題」と「知識の概念的な理解を問う問題」とのバランスに配慮するなどの工夫をして実施します。

また、実技を評価する必要がある場合は、「パフォーマンス評価」を行います。9点程度を技能としての点数として配分します。各教科の内容の特質に応じて、観察・実験をしたり、式やグラフで表現したりして、実際に知識や技能を用いる場面などを設けます。

知識・技能の評価対象

算数
作図

国語
作文・字の丁寧さ・音読

社会
資料の読み取り

理科
実験・観察

●ペーパーテスト

「事実的な知識の習得を問う問題」と「知識の概念的な理解を問う問題」とのバランスに配慮するなどの工夫をして実施します。

●パフォーマンス評価

各教科の内容の特質に応じて、観察・実験をしたり、式やグラフで表現したりするなど、実際に知識や技能を用いる場面を設けるなど、多様な方法を取り入れていきます

体育

各単元の技能テスト

音楽

歌唱・器楽・音楽づくり

外国語

話す・聞く

図画工作

図画・工作

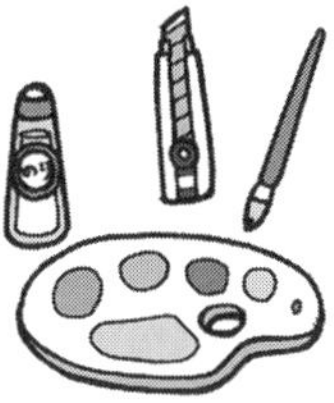

家庭

技能テスト

思考・判断・表現の評価

思考・判断・表現の評価のポイント

「思考・判断・表現」の評価は、各教科の知識及び技能を活用して課題を解決するなどのために必要な思考力、判断力、表現力などを身に付けているかどうかを評価するとされています。

ペーパーテストがある教科は、ペーパーテストの点数を用います。

この点数に合わせて、「活用期の表現物」を評価します。

レポート、新聞、スピーチ、討論など、何らかの形に表現された物を点数化して評価するのです。

表現物の点数化……これが、とても難しいのです。なぜなら表現物は、それぞれの子どもが知識・技能を活用して表現したものであり、そこにはハッキリとした正解がないからです。例えば、ワークシート等にまとめられたものに対して、「この子は、多く書けているから満点だ」とか、そういうふうにまとめるのは乱暴です。

なぜなら、多くの内容が書かれていたとしても、そこには工夫がないかもしれません。もしかすると、内容に誤りがあるかもしれません。

では、どうすれば、より正確に、パフォーマンスを評価することができるのでしょうか。

その鍵となるのが「ルーブリック評価」です。

ルーブリック評価とは、ペーパーテストでは評価しにくい資質・能力の観点について、より客観的で、しかもより高い妥当性と信頼性をもちながら評価できるようにするためのものです。

簡単に言えば、フィギュアスケートなど採点競技で用いられているようなものです。

教職員の評価に関してでも、「学級経営」「授業」「校務分掌」など、3つの観点から評価されていることが多いのではないでしょうか。これと同じです。

あるパフォーマンスについて、複数の視点をもって評価するのです。本来であれば、それぞれの教科学年や単元内容ごとに、「ルーブリック表」の項目を作成して評価したいところですが、全教科で検討したうえで実施するのは、あまり現実的ではありません。

そこで、本書では「簡易ルーブリック評価」を提案します。

次の3観点を基本として、表現物を評価するのです。

①表現の工夫（工夫されているか）3点

子どもの表現に工夫があるかどうかを評価します。表現物に、その教科の特性に応じた工夫がされているかどうかを見ます。

②習得した知識の活用（正しく活用できているか）3点

「習得」の段階で学んだ知識・技能を正しく活用されているかを評価します。例えば、1か所間違っていれば1点減点というように、減点方式で評価するとよいでしょう。

③豊かな内容構成（分量が書けているか）3点

しっかりと多くの分量を書けていることを評価します。また、様々な種類の知識・技能を用いていたり、複数の解法を考案していたりするなど、表現物の分量について評価します。

簡単にまとめてしまえば、**「工夫」「正しさ」「量」**の3点です。

これらを、それぞれ各3点満点、合計9点満点で評価するのです。この3点を参考にしながら、活用期の表現物で身に付けさせたい力を明らかにし、3つの評価の観点を作りましょう。

ただし、図工と音楽に関しては、「豊かな内容構成」を外して、**「鑑賞」**の項目を取り入れます。

主体的に学習に取り組む態度の評価

主体的に学習に取り組む態度の評価のポイント

知識及び技能を習得したり、思考力・判断力・表現力等を身に付けたりするために自らの学習状況を把握し、学習の進め方について試行錯誤するなど、自らの学習を調整しながら学ぼうとしているかという意思的な側面を評価するとされています。

子どもが主体的に学んでいるかを評価することは、とても難しいことです。なぜなら、子どもたち一人ひとりの意欲や態度を知るには、内面を探らなければならないからです。しかも、それを子どもに聞いてみても、本当の気持ちを語ってくれるかどうかは分からないのです。

子どもの主体的な学びの姿を、基本的な学習プロセスに沿って、粘り強く学習に取り組もうとする態度や、自らの学習を調整しようとする態度を養います。

3つの観点をつくり、それぞれ3点満点で評価します。9点満点のうち、8点以上をA評価とし、4点以下をC評価とします。ここでは、単に継続的な行動や積極的な発言を行うなど、性格や行動面の傾向を評価するということにならないように気を付けましょう。

日常的な授業内におけるノートの記述内容（3点）

ノートが提出されたかどうかではなく、中身に注目します。学期末に、総合的に判断し評価します。

授業中の発言・行動観察（3点）

回数ではなく、発言の内容に注目します。学期内において、3回ほどの授業を抽出して点数化し、平均点を出します。

自由記述評価（3点）
活用学習を終えた後に、自由記述で学習をふりかえります。
自己評価および相互評価をもとにしながら点数をつけます。

個人内評価

個人内評価のポイント

観点別学習状況の評価や評定には示しきれない児童生徒一人ひとりのよい点や可能性、進歩の状況については、「個人内評価」として実施するものとされています。

学習の過程において、児童生徒の感性や思いやりが発揮された場面を記録しておき、口頭や文面で説明や伝達することで、児童生徒に自身の学習に取り組む態度やその変容に気付かせ、より主体的に学習に取り組む態度の醸成に役立つことができるようにします。

宿題忘れの有無や、挙手の回数なども、この評価の中に加えられます。

こうした評価の積み重ねが、自らの学びを調整しながら取り組むことにつながります。結果として、各単元などで取り扱う「知識・技能」や「思考力・判断力・表現力」の育成に資することにもなるのです。

通知表の所見欄
忘れものがないように持ちものの確認を何度もおこなっていました。
丸つけのコメント
分からなくて困っている友だちに教えてあげていましたね。
日常的な声かけ
手を挙げて発表できるようになったね。
懇談会
友だちが困っているときに率先して動いてくれる優しさがあります。

コラム　教材研究棚を設置する

教育とは、知のクリエイターです。クリエイターには、材料や工具が必要です。教師にとっての材料や工具というのは、書物です。どのような先行研究があり、どのような実践がなされてきたのかを知り、それらをもとにして、授業を構成していく必要があります。それをなくして、教材研究をするのであれば、それは拙いものになることが予想されます。

そこで、職員室の一隅を教材研究室にすることをお勧めします。棚を１つ用意し、そこへ教育書を置きます。公費で購入するか、校内の教員で読み終えた教育書を持ち寄り、置くようにします。学校へ寄付するものは記名なしで、他者へ貸し出せるものは記名ありで置きます。持ち帰る場合は、持ち主に一言声をかけるようにします。

教材研究棚を置くことにより、「知の共有」ができます。「この本に、よい実践が載っているよ」というように、教育技術を共有することができるのです。

研修主任が中心となり、このような環境を整備していくとよいでしょう。

終わりに

教育界には、様々な手法が混在しています。

また社会の変化にあわせて教育に求められる形も変わってきています。

本書の執筆にあたっては、学習指導要領のあり方に対応しつつ、それらの教育技術を手法としてまとめ、活用できるようにしたいと思いました。

授業技術は方法に過ぎません。しかしながら、より多くの授業技術を知っていることで「気になるあの子」を救う手立てとなるかもしれません。

本書を、「教育技術の道具箱」のような存在として使用してください。

道具箱から必要な工具を持ち出して、新たな知との出会いを創出しましょう。


実践を行うにあたって、我々教師がやるべきことは、実践に対する「やりきり、やらせきる」指導です。

子どもに「やらせきる」ためには、我々教師がそれをやりきらなければなりません。教育技術を用いるには、それをやりきる覚悟が必要です。

授業づくりは難しいものです。

何時間もかけて準備した授業が、ほんの数分のうちに終わってしまうこともあります。さらに授業効果は、子どもが大人になってからでなければ分からないこともあり、目に見えて成果が得られるものではないのです。それは儚く、難しいものです。

教育家の森信三氏は、次のような言葉を残しています。

　教育は流水に文字を書くような果てない業である。
　だが、それを岩壁に刻むような真剣さで取り組まねばならぬ。

授業を通じて、10年後、20年後の子どもたちにとって、1つでも支えになるような力を身に付けられるようにしましょう。

知のクリエイターとしての誇りをもち、子どもたちが目を輝かせるような授業を創り上げていきましょう。

参考文献

田村学著『カリキュラム・マネジメント入門』東洋館出版社（2017）
田中博之著『アクティブ・ラーニング実践の手引き』教育開発研究所（2016）
ピーター・ブラウン著他『使える脳の鍛え方　成功する学習の科学』NTT出版（2016）
小泉英明監『脳からみた学習』明石書店（2010）
堀公俊・加藤彰著『ファシリテーション・グラフィック』日本経済新聞出版（2006）
ハリー・ウォン　ローズマリー・ウォン著『世界最高の学級経営』東洋館出版社（2017）
外山紀子・外山美樹著『やさしい発達と学習』有斐閣（2010）
今井むつみ他著『新・人が学ぶということ』北樹出版（2012）
鏑木良夫著『もっとわかる授業を！「先行学習」のすすめ』高陵社書店（2015）
ジョン・ハッティ著『教育の効果』図書文化社（2018）
中澤潤編『よくわかる教育心理学』ミネルヴァ書房（2008）
石川一郎・矢萩邦彦著『先生、この「問題」教えられますか？』洋泉社（2019）
苫野一徳著『「学校」をつくり直す』河出書房新社（2019）
佐藤昌宏著『EdTech が変える教育の未来』インプレス（2018）
斎藤喜博著『授業入門』国土社（2006）

斎藤喜博 著『授業』国土社（2006）
斎藤喜博 著『授業の展開』国土社（2006）
高島明彦 監『面白いほどよくわかる脳のしくみ』日本文芸社（2006）
水落芳明・阿部隆幸 著『成功する『学び合い』はここが違う！』学事出版（2014）
向山洋一 著『授業の腕を上げる法則』明治図書出版（1985）
新井邦二郎 著『図でわかる発達心理学』福村出版（1997）
市川伸一 著『「教えて考えさせる授業」を創る』図書文化社（2008）
関西大学初等部 著『思考ツールを使う授業』さくら社（2014）
ヴィゴツキー 著『「発達の最近接領域」の理論』三学出版（2003）
沼田拓弥 著『「立体型板書」の国語授業』東洋館出版社（2019）
野口芳宏 著『子どもは授業で鍛える』明治図書出版（2005）
嶋田総太郎 著『認知脳科学』コロナ社（2017）
大村はま 著『教えるということ』共文社（1973）
D.W. ジョンソン 著『学習の輪　学び合いの協同教育入門』二瓶社（2010）
リヒテルズ直子・苫野一徳 著『公教育をイチから考えよう』日本評論社（2016）
齋藤孝 著『教育力』岩波書店（2007）
田中博之 著『アクティブ・ラーニングの学習評価』学陽書房（2017）

田中博之 著『アクティブ・ラーニング「深い学び」実践の手引き』教育開発研究所（2017）
マイナビ進学編集部 著『実践！探究・グループディスカッション・プレゼンテーション』マイナビ出版（2019）
がもう りょうた 著『「探究」カリキュラム・デザインブック』ヴィッセン出版（2017）
溝上慎一・成田秀夫 編『アクティブラーニングとしてのPBLと探究的な学習』東信堂（2016）
日本協同教育学会 編『日本の協同学習』ナカニシヤ出版（2019）
田中保樹・三藤敏樹・高木展郎 編著『資質・能力を育成する学習評価』東洋館出版社（2020）
佐藤学 著『学校の挑戦』小学館（2006）
株式会社アンド 著『思考法図鑑 ひらめきを生む問題解決・アイデア発想のアプローチ60』翔泳社（2019）
鹿毛雅治 著『授業という営み』教育出版（2019）
谷口祥子 著『最新コーチングの手法と実践がよ〜くわかる本』秀和システム（2016）
D・カーネギー 著『話し方入門』創元社（2000）
岡本美穂 著『板書・ノート指導の基本とアイデア』ナツメ社（2016）
西野宏明 著『子どもがパッと集中する授業のワザ74』明治図書出版（2015）
林洋一 監『史上最強図解よくわかる発達心理学』ナツメ社（2010）
久保斎 著『一斉授業の復権』子どもの未来社（2005）
有田和正 著『楽しい社会科授業づくり入門』明治図書出版（2016）

大西忠治 著『授業づくり上達法』民衆社（1987）
広山隆行 著『小学校　国語の授業づくり　はじめの一歩』明治図書出版（2016）
石黒修 著『討論の授業入門』明治図書出版（1989）
三好真史 著『教師の言葉かけ大全』東洋館出版社（2020）
原田隆史 著『カリスマ体育教師の常勝教育』日経BP社（2003）
苫野一徳 著『勉強するのは何のため？』日本評論社（2013）
田中博史 著『田中博史のおいしい算数授業レシピ』文溪堂（2010）
白石範孝 著『白石範孝のおいしい国語授業レシピ』文溪堂（2010）
二瓶弘行 著『二瓶宏行と国語の〝夢〟塾の「対話授業づくり一日講座」』文溪堂（2012）
Daniel T.Willingham 著『教師の勝算　勉強嫌いを好きにする9の法則』東洋館出版社（2019）
由井薗健 著『一人ひとりが考え、全員でつくる社会科授業』東洋館出版社（2017）
山本良和 著『山本良和の算数授業　必ず身につけたい算数指導の基礎・基本55』明治図書出版（2017）
向山洋一 著『発問一つで始まる「指名なし討論」』明治図書出版（2003）
石橋昌雄 著『社会科の授業実践50のポイント』教育出版（2013）
菊池省三 著『菊池省三の話し合い指導術』小学館（2012）
国立教育政策研究所 著『「指導と評価の一体化」のための学習評価に関する参考資料小学校国語・算数』東洋館出版社（2020）

三 好 真 史

大阪教育大学教育学部卒
堺市立小学校教諭
メンタル心理カウンセラー
大阪ふくえくぼ代表

著書に『教師の言葉かけ大全』（東洋館出版社）『学級あそび101』（学陽書房）など、他多数。

教師の授業技術大全

2021（令和3）年2月26日　初版第1刷発行
2022（令和4）年1月17日　初版第2刷発行
著　　者　三好真史
発 行 者　錦織圭之介
発 行 所　株式会社　東洋館出版社
〒113-0021　東京都文京区本駒込5-16-7
営業部　TEL：03-3823-9206
FAX：03-3823-9208
編集部　TEL：03-3823-9207
FAX：03-3823-9209
振　替　00180-7-96823
U R L　http://www.toyokan.co.jp
[装　丁] 中濱健治
[本文デザイン] 竹内宏和（藤原印刷株式会社）
[イラスト] 丸口洋平
[イラスト協力] 河口智子（P.48, P.185, P.187）
[印刷・製本] 藤原印刷株式会社

ISBN978-4-491-04351-7　　Printed in Japan